JN074921

── 目 次 ──

はしがき
——シリーズ『真相 731 部隊』の発行にあたって

NPO 法人 731 部隊・細菌戦資料センター　共同代表
近藤　昭二

「NPO 法人 731 部隊・細菌戦資料センター」が設立されて 13 年になりました。私は、「資料センター」発足時から共同代表を務めてきました。

日中戦争中、日本が中国で行った残虐行為の一つに 731 部隊等の細菌戦部隊が医学者を動員して細菌兵器等を開発・製造し、中国各地で細菌作戦を実行した「731 部隊・細菌戦問題」があります。

731 部隊等は、中国黒竜江省ハルビン市郊外の平房に広大な本部基地をおき細菌兵器等の開発・製造のために人体実験を行って中国人、ロシア人などの捕虜数千人を殺し、さらに浙江省の衢州・寧波・江山や湖南省の常徳市などで細菌戦を行ってペストやコレラなどの疫病を流行させ数万人の中国人を殺傷しました。

人体実験や細菌戦は国際法に違反する重大な戦争犯罪です。本来、日本政府は 731 部隊等が犯した加害の事実関係を明らかにし、被害国と被害者に対する責任をはたすべきです。

筆者が初めて「731・細菌戦問題」に遭遇したのは、1970 年代の初め、医師をめざして京都府立医大に入った旧友を久しぶりにたずねた時に、彼からもらった本でです。

「ちょっとコレ、読んで見てくれよ。うちの学長はこんなことする奴なんやで。施療だ治療だといって何でもかでも切る、切る。切ることばっかり教えよる。凍傷の実験なんか朝飯前やろ」

憤懣やるかたない顔で私に差し出した本はハバロフスク軍事裁判の記録でした。正式には『細菌戦用兵器ノ準備及ビ使用ノ廉デ起訴サレタ元日本軍軍人ノ事件ニ関スル公判書類』というもので、その中には戦時中731部隊で、吉村研究員（後の京都府立医大学長吉村寿人）の指導の下に行われた凍傷実験の模様が証言されています――

被告　西俊英

「吉村研究員から聞いた所によりますと、酷寒――零下二〇度以下とのことです――に部隊の監獄から人々を引出し、素手にさせ、人工風によって手を凍らせていました……私は実験に関する吉村の報告を読みました。これについて、映画も撮影されました。画面に足錠を嵌められた人間が四～五人、防寒服を着、手には何も纏わず表に引き出されて来る場面が現れ、ついで大形の扇風機が人工的方法によって凍傷を早めます。それから、手が完全に凍傷にかかったかどうかを点検するため、手を小さい棒で叩く所が上映され、つずいて、凍傷にかかった人間が部屋に入れられる所が上映されます。吉村は、この研究が将来の対ソ戦を目的として行われているのだと私に語りました」（1949年12月26日午後の公判）

731吉村班の凍傷実験や糜爛毒ガスの人体実験についての証言は別にもあります。こういう事実に対して本人の釈明はというと実に耐え難いものです。

吉村寿人著『喜寿回顧』より

「私は生理学者であった為に部隊の本来の仕事とは別の研究をやっていたのである。従って、此らの新聞やマスコミは世間の耳目を引く為に私に無関係の事をいかにも私が責任者であった様に書くのは全くの捏造である。多少社会的な地位を得た私を引き合いに出してあたかも自分達の手柄話しにしたい為の作文に過ぎない。個人の自由意志でその良心に従って軍隊内で行動が出来ると考える事自体が間違っている。軍の何たるやを知らず、ましてや戦争の本質などを知らない若い記者が現在の民主主義時代の常識から書いた誤報である事は歴然としている。そんな個人の良心によって行動出来る様な軍隊が何処にあるだろうか……私は軍隊内に於て凍傷や凍死から兵隊を如何にしてまもるかについて部隊長の命令に従って研究したのであって、決して良心を失った悪魔になった訳ではない。」

このように弁解していますが、しかし、吉村には終戦から7年目の英文誌に発表された「厳寒に対する皮膚反応についての研究（二）」という論文があります。

そこには、生後3日の赤ん坊の中指を摂氏零度の氷水の中に30分つけるとどうなるか、生後３日から１ヵ月後まで毎日実験をおこなった結果が記録されています。

それにしても、零下20度以下、部隊の監獄、ひきずられる足錠、扇風機、凍った手を小さな棒でたたく音など、実際に731で行われた場面を撮影した実写なのか、にわかに信じがたいおぞましさです。

731の犠牲者は「材料」の意を込めて「マルタ（丸太）」の異名で呼ばれ、犠牲者の数は３千人とも４千人とも言われます。生物兵器開発のための実験には一定の健常者を必要とします。敵の捕虜や死刑囚を治験に充てるにしてもそんなにつごうよく準備できたのでしょうか。

実は731部隊と満洲全域の憲兵隊を支配する関東軍司令部の間には「マルタ」をめぐって重大な規定があったのです。マルタの731送りを決定する関東憲兵隊の司令部警務部第３課長だった吉房虎雄が、戦後中国の戦犯管理所で次のように自ら述べています。

吉房虎雄の手記「特移扱」より

「九・一八 以後、日本帝国主義は、東北（トンペイ、満洲）では「厳重処分」といって、現地部隊の判断一つで中国人民を、勝手気儘に惨殺することが公然とゆるされていた。だが、後から後へとつづく好日烈士の抗争によって、この「厳重処分」も、一九三七年、表面上、禁止しなければならなかった。

その後、関東軍司令官植田謙吉、参謀長東條英機、軍医石井四郎、参謀山岡道武及び関東憲兵隊司令官田中静壱、警務部長梶栄次郎、部員松浦克己らのあいだで、秘密裡に、この「厳重処分」にかわる中国人民虐殺計画が進められていた。それは、なるべく簡単に、無制限に、中国人民を細菌培養の生体材料として手に入れることであった」

「一九三七年末、軍司令官は「特移扱規定」という秘密命令を出した。その「特移扱」というのは憲兵隊及び、偽満州国警察が、中国人民を不法に逮捕し、「重罪にあたる者」と決定したならば、裁判をおこなわないで、憲兵隊から石井部隊に移送して、細菌実験の材料としてなぶり殺しにすることであった」

「憲兵が特移扱にした中国の愛国者は、一九四二年の一ヵ年で、少なくとも一五〇名以上に達し、そのほか特務機関と偽保安局から送る愛国者を加えて、一九三七年以来、約九年のあいだに、石井部隊で虐殺された愛国者の数は少なくとも四、〇〇〇名におよんでいる」

（『三光　神吉晴夫編　光文社』）

しかし「特移扱（とくいあつかい）」による人体実験はもちろん「秘中の秘」、731に関してはほとんどの事実が長い間証拠になるものとして隠蔽されたままでした。(本書の本原政雄さんは、憲兵隊当時の上司からの厳しい圧力もありましたが、取材に応じてカメラの前で詳しく話してくれました)

1980年代から90年代に入って、『悪魔の飽食』ブームや「731部隊展」の活動が興って研究は著しく進み、人体実験や細菌戦によって多くの中国の民衆を虐殺したことを裏付ける様々な証拠の存在が明らかになってきました。筆者が731部隊関連の番組をつくるようになったのは、1989年の新宿戸山の人骨発見､日米医学共助を扱った『今も続く細菌戦の恐怖』からです。

95年と97年には中国人の被害者や遺族が日本国を相手とする裁判を日本の裁判所に起こし、それらの裁判の判決では加害の事実が明確に認定されています。

しかし現在に至っても日本政府は戦争中の731部隊等による残虐行為について事実を認めていませんし、事実調査を行う姿勢すら見せていません。

中国の人体実験や細菌戦の被害者は、このような不誠実な日本政府の姿勢に著しく傷つけられたままです。

これまでも731部隊等が行った人体実験や細菌戦に関する加害と被害の事実を調査記録する活動や被害問題の解決のために立法府や行政府に働きかける活動を行ってきました。

協力活動として「731部隊・細菌戦問題」の解決を求める市民運動を継続的に行っていく、これが、この「NPO法人731部隊・細菌戦資料センター」の変わらぬ活動の目的です。

発足から13年、この間さまざまな情報発信事業が展開されてきましたが、その中で現在も続く「映像証言に探る731部隊」のシリーズは市民への情報発信事業として重要な役割を担ってきています。

もと731部隊員や憲兵隊員等の取材インタビュー、戦友会での証言、映像記録などを毎回一人ずつ上映して、その証言の事実関係を別の関連する記録文書と照合、補足的に検討・解説しようという企画です。

(2024年5月)

「731 部隊」編成表（近藤昭二作成　2024.5.31）

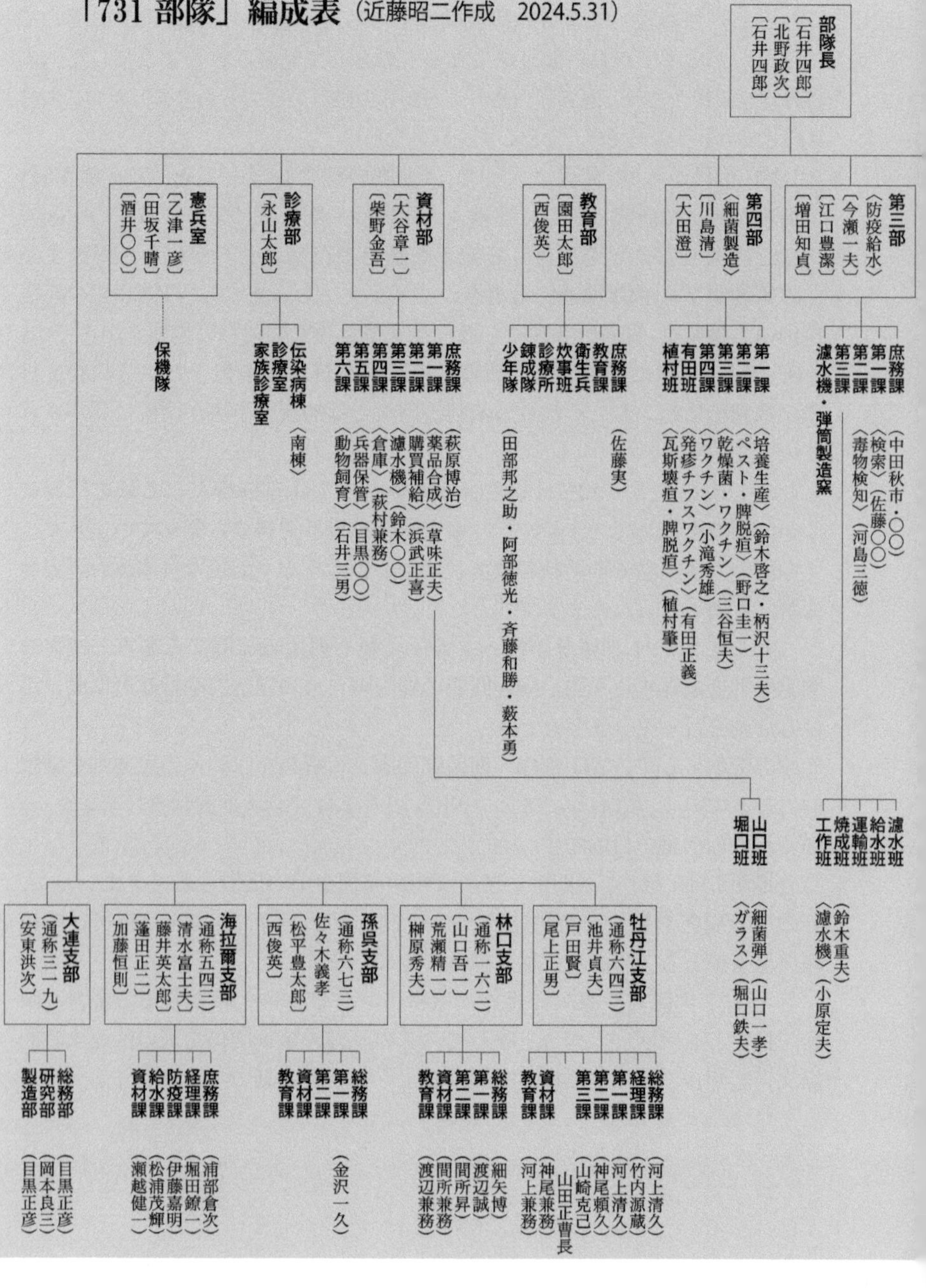

凡例
- 部隊編成は1945年当時を基本とし、それ以前にあった組織も多少補足した。
- 〔 〕は右から歴代部隊長・部長
- → は吸収合併
- ( )は課長・班長
- 〈 〉は主な担当
- 人名で不明な部分は○○とした。

総務部 〔川島清〕〔村上隆〕〔今津綱幹〕〔中留金蔵〕〔大田澄〕
- 副官室 (影山杏祐・青木広市)
- 調査課 (石光薫)
  - 翻訳班 (秦正氏)
  - 印刷班 (小館美実)
  - 写真班 (小館兼務)
  - 兵要地誌班
  - 調査班 (臼井竹次郎)
  - 図書室 (新井○○)
- 人事課 (山下健次)
- 庶務課 (高橋伝・篠原岩助・鈴木亀男)
  - 労務班 〈労工〉(工藤与四郎)
  - 庶務室
  - 食堂
  - 酒保
  - 学校
- 企画課 (田部邦之助・二木秀雄)
- 経理課 (伊地治俊雄・佐藤重雄)
- 管理課 (中村留八)
  - 建設班 (永松喬)
  - 工務班 (小山博)
  - 動力班 (在田勉)
  - 運輸班 (増田○○)
  - 電話班
- 軍需課 (鈴木○○)

第一部 〈基礎研究〉〔田部井和〕〔北川正隆〕〔菊池齋〕
- 第一課 〈チフス〉(田部井和)
- 第二課 〈コレラ〉(湊正男)
- 第三課 〈生理・捕虜("マルタ")管理〉(吉村寿人)
  - 吉田班 〈健康診断〉(吉田源二)
  - 宮川班 〈レントゲン〉(宮川正)
  - 栗秋班→宮川班 〈薬理〉(栗秋要)
  - 在田班 〈レントゲン〉(在田勉)
  - 石井班 〈捕虜出入〉(石井利夫)
  - 蓬田班 〈捕虜出入〉(蓬田三平)
  - 志村班
  - 特別班 〈特設監獄〉(石井剛男)
- 第四課 〈赤痢〉(江島真平)
- 第五課 〈ペスト〉(高橋正彦)
- 第六課 〈病理〉(岡本耕造)
- 石川班 〈病理〉(石川太刀雄丸)
- 第八課 〈リケッチア・ウイルス〉(笠原四郎)
- 第九課 〈水棲昆虫〉(朝比奈正二郎)
- 第十課 〈血清〉(秋元寿恵夫)
- 内海班→第十課 〈血清〉(内海薫)
- 小滝班 〈ツベルクリン〉(小滝秀雄)
- 第十一課 〈結核〉(二木秀雄)
- 肥之藤班 〈脾脱疽〉(肥之藤信三)
- 樋渡班 (樋渡喜一)
- 降旗班 〈ペスト〉(降旗武臣)
- 金沢班 (金沢謙一)
- 大田班 〈脾脱疽〉(大田澄)
- 貴宝院班 〈天然痘〉(貴宝院秋雄)

第二部 〈実施研究〉〔早川正敏〕〔大田澄〕〔村上隆〕〔碇常重〕
- 第一課 (平沢正欣)
- 第二課 (増田美保)
  - 庶務
  - 操縦班
  - 技術班 (松尾光)
  - 気象班 (山田二郎)
  - 無線班 (山田兼務)
  - 運輸班
- 田中班 〈昆虫〉(田中英雄)
- 篠田班→田中班 〈昆虫〉(篠田統)
- 八木沢班 〈植物菌〉(八木沢行正)
- 第五課 〈安達実験場〉(西田重衛)

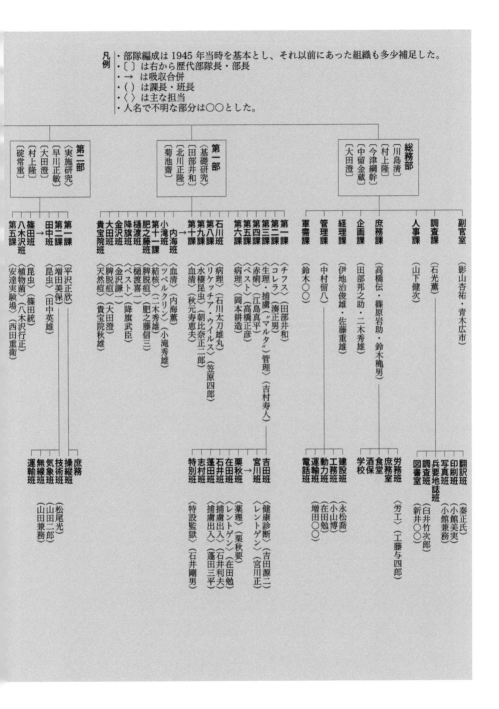

元関東憲兵隊司令部員憲兵

本原政雄さんの証言

（2002 年 3 月 22 日取材）

解説：近藤昭二

今日は、元関東憲兵隊司令部員憲兵の本原政雄さんの証言をビデオで見てもらいます。

最初に、関東軍隷下の憲兵隊について誤解されていることがありますので、この際説明します。「関東軍の憲兵隊」という言い方はおかしくないですが、「関東軍憲兵隊」となっている文章がよくあります。しかし、それは間違いです。

公式な名称は、「関東憲兵隊」で「軍」は入りません。「関東憲兵隊」というのが正式な名称です。そこに警務部というのがありまして、その警務部に 2 課、3 課というのがありました。

1 課はないんです。思想対策の仕事を任務としていたのが 2 課で、3 課が防諜班、これが 731 部隊に関わってくる特移扱（とくいあつかい）を担当していた部署です。

ビデオの本原さんというのは、そもそもは徴兵で、偽「満州」の東安にありました自動車連隊に入隊されたそうです。それで、自動車連隊にいるよりは憲兵になりたいということで、関東憲兵隊の教習隊の第 7 期、入隊試験を受けまして合格して教習隊に入って、7 期の卒業生で、昭和 16（1941）年の 7 月に、東安憲兵隊の虎頭分遣隊に配属になります。

一番最前線といいますか、731 はハルビンにありますけれども、ハルビンから東へ列車で、今は 5、6 時間ですけど、当時はもっとかかったと思います。

牡丹江から北に林口の方へ向かって列車がのびています。その林口の一つ先に東安があります。東安に憲兵隊本部があって、その憲兵隊本部の直属の隷下として虎頭分遣隊がある。東安駅の次が虎林駅です。その先に虎頭があるんですが、まさにソ連との最前線ですね。

この写真は昭和15年に撮った虎頭の街並みです。下半分に虎頭の街が写っているんです。一番下の広い通りは、これが町の目抜き通りで、メインストリートです。

この手前にも、写真には写っていないんですけど、同じ位の町があって、小さな町なんですけど、これが最前線で、向こうに白く写っているのがウスリー江です。

正面奥から手前に向かって来ているのがイマン川って言うんですが、イマン川とウスリー江が合流する地点にあった最前線の町です。

ですから対岸はイマンの町で、ソ連領土です。敵軍が配置されております。手前が要塞で有名な、70～80 m地下に3 kmぐらいの要塞が掘られている。

ソ連に向けての最前線という町、ここに本原さんは当初、配属されて実際の捕虜の拷問のシーンなんかも見てますし、特移扱の、731送りですね、その手続の書類を実際に本原さんは書いたりしていました。

それでは、このくらいにして、早速見てみましょう。このビデオは、私が番組用にカメラマンとスタッフを連れて、取材させてもらったその後に、2度目に私1人で訪ねて行って、撮影したものです。

昭和15年撮影の虎頭

インタビューするのに記録として撮っとくものでカメラマンなしにカメラを据えっぱなしにして撮ったものですので冗長なところがあるかもしれませんが、ご了承ください。ではご覧ください。

証言ビデオ

〔 〕は編者注

近藤：一番最初から順番に伺いたいのですけれども、いわゆる上への報告というものは、捕まった捕虜がきて、それで取調べをやってみると、例えば頑強な工作員で、ちょいとおいそれと逆利用も出来ないしという場合は、これを特移扱にしたほうがいいという、そもそもの起案というか文章は、取調べの状況のこういうのは、誰が書かれるのですか。

本原：それはですね、その前にちょっといいですか。虎頭分遣隊に行った時、もう20人くらい、留置場がいっぱいになるくらい、引っ張られていた。というのは、戦時有害分子名簿というものができていた。憲兵隊に、それで、この終いのほうに、第1次、第2次、第3次とかありましたね。それは、戦時有害分子のランク付けだと思いますね。だから既にそれまでに、「こいつは臭い」というリストができていた。

それで、関特演が始まって、日本はソ連へ攻めていこうかと、だから虎林線に20万おりましたからね。だからドイツと呼応して攻めて行くような状況だったからですね。で、その時に、引っ張られちょったです。それで今度は取調べのことですね。特高の中村（利喜）軍曹、曹長になりましたけどね、これが主として取調べたんです。通訳は朝鮮人ですね。憲兵補はおりましたけどね、主として朝鮮人の通訳が取調べますね。

近藤：虎頭は何年に行かれたのですか。

本原：昭和16年の8月。

近藤：ちょうど、関特演の。

本原：そもそも教習隊で、1年間教育受けるべきものが、関特演やったために急遽、卒業することになってね、8ヶ月でね。それで虎頭に配属されたわけですね。

近藤：虎頭の分遣隊は、どういう区分けがあったんですか。

本原：特高と警務と庶務ということですね、私は、3ヶ月経ったら、班が替わって、松本分遣隊長が来たんですよ。来たらお前が庶務やれということになって、庶務は、給料から消耗品から軍属の監督までも全部することになっていた。何といっても満州の憲兵隊では特高が一番ですね。

警務は軍人、軍属の取締りですけれども、それは微々たるもんで、やはり（一番は特高の）スパイ検挙ですね。虎頭は「列車警乗」がありまして、住民票と旅行証明書を調べて、特別なことがあれば捕まえる、それが２人常時おりまして。

近藤：特高で何人ぐらいいたんですか。

本原：特高で３人ぐらい、１人は「間道対策」といって、鉄道を利用すると捕まるもんですから、スパイは、人気のない所を越えて、ずっと入ってくるわけですね。そうすると食べ物を持っておりませんので、木こり（樵）とか、魚取りが、「漁労、漁労」と言ってましたが、漁労小屋を建ててる。

そこに憲兵が2、3人連れて、張り込んでいて、「飯をくれ」とか「たばこくれ」と言って来たときに捕まえると。「間道対策」と言ってましたが。あいだのみちです。「間道対策」に１人ずついました。時々交替してね。特高に中村軍曹ともう１人いて、「間道対策」で３人ぐらい、それから「列車警乗」が交替で２人いますから、それであと庶務、９人ぐらいですかね。分遣隊長、あともう１人。

近藤：「列車警乗」というのは、特高に入るんですか。

本原：特高に入りますね。スパイを捕まえるためですからね。

近藤：警務は２人ぐらいいるんですか。

本原：警務は１人ですね。

近藤：そうすると、分遣隊ってそのくらいの規模ですか。

本原：え、もう９人ぐらい。だから３日に１回、宿直がありますわね。

近藤：本原さんのほかに庶務は。

本原：庶務は、わしだけです。

近藤：１人で。庶務も１人ですか。

本原：憲兵補と憲補がいましてね。朝鮮人が憲兵補、満人が憲補ですね。

近藤：それは今の数には入っていないのですか。

本原：入っていないですね。

近藤：それはどのくらいいたのですか。

本原：憲兵補が１人と憲補が１人。それも全部特高のほうですね。

近藤：特高付きになるんですか。そうすると馬とかは。

本原：馬は、満人の馬丁が２人おりましてね。

近藤：満人がやっているんですね、馬丁は。

本原：その監督は庶務係がやっていました。私が担当で、馬は月に1回、蹄鉄をけずらんと、爪が伸びますから、馬連れて、両側に馬を連れて、部隊の陣地の中に行って、八尾連隊の蹄鉄場に連れてって、打ち直してもらったですね。

近藤：行かれたときは、隊長は樺沢（静茂）さんだったんですね。樺沢さんはどの位の階級だったんですか。

本原：准尉です。分遣隊長は准尉ですね。分遣隊は虎林分隊の下部組織なんですね。でも分隊長は、軍人としては年配で40ぐらいですからね、古い経歴ですからね。

近藤：虎林の分隊長はその当時どなただったんですか。

本原：長島（恒雄）さん。士官学校を卒業して、一般の連隊を通って、憲兵隊に転科して、1年間教育受けたら、今度は憲兵になりますね。中尉なら中尉、憲兵中尉、分隊長はそういうのが全然わからないですね。だから、もう判を押すだけですね。実際に憲兵将校として役に立つのは、中参、古参になってからではないでしょうかね。だから分隊長といってもわからんですよね。やっぱり法律のことがありますからね。士官学校では法律のことを習っていませんのでね。だから陸軍刑法に基づいて、事件送致することになってもさっぱり何のことか分からない。経験積んで勿論本人も勉強して役に立つ憲兵になるんですが。

近藤：特高の取調べをやられた方が、書類を書くんですか。

本原：そうです。その時にもの凄い拷問があるんですね。ガリ版で書くときに、特高にならなくて良かったと思いましたね。ぶら下げたり、水を飲ませたり、手くくって、足くくって、台に寝かせて、顔にタオルを被せて、水をガーとやるんですよ。だから失神しますよね。そして腹を押したらパーッと吐き出すでしょ、そしたら、また水をかける。針で爪をはぐ、そのときは凄い絶叫というか……

近藤：取調べの部屋があるんですか。

本原：あるんです。でも虎頭分遣隊は、前の年にペチカの加熱で火事になりましてね、いい建物があったんですけれども、それで満州の小学校をどっかに行かせて、そのあとを憲兵隊が使ったんですね。そんなところにあるんですから、声が聞こえますわね。事務室におっても、壁一つですからね。

通訳が、あるとき、私に言ったのですけれども、天井からぶら下げて、食堂でご飯食べて戻ったら、死んじょったですね。その通訳が背負って、中村曹長と一緒にウスリー江へ行って、それでウスリー江には、水汲み人夫がおって、何しろ１ｍも凍りますからね、穴が掘ってあって、その水を汲んで、民家や憲兵隊に１杯何ぼで売るわけです。その穴へ投げるわけですけれども、何しろ氷が深いものですから、投げただけじゃ、下へ行かんわけですね。だから棒を持ってから死体を押して、氷の下に行ったと思って、棒を上げたら、バーッと浮いてくるそうです。それで、また突いて流したんだと通訳の朝鮮人が言いましたね。

彼は、頭の片隅に禿がある。何とかという禿ですね。精神的な。ストレスなんかあったとき脱毛する病気がありますよね。平気でそういう拷問なんかをしちょりましたけど、まあ本人にとってみなければわかりませんけどね。

近藤：(『「七三一部隊」罪行鉄証』の本の）解説にも書きましたけど、山形の方の憲兵、土屋（芳雄）さん、あの方から聞いた話なんかを書いたんですけれども、爪、針使ったりとか、実際そうなんですね。

本原：だから、果たして全部犯人だったかどうか、疑問の残るところですね。考えられることは、密偵によって捕まったものが、ひょっとしたら、密偵がなんかせびったりした時に、断わったらね、腹いせに憲兵隊に送ったかも知れませんね。

近藤：そういうやつでも、放すわけにはいかないから、結局特移扱に。

本原：例えば、拷問受けて、やりましたと言えば、まさかああいう所（731）に送られる思いませんから、そのうち弁解する機会がありゃせんかと思ったんではないかと思いますけど。

近藤：特高の係が書類を書いたら、それ１通だけですか。

本原：はじめはね、鉛筆で書くわけです。それを分遣隊長のところへ出すんです。分遣隊長は、文章を直すとかね、それからまた、取調べに出ましたところはまたもう１回調べるとか、いろいろなことをさせて原稿が出来ますね。それを今度は書記が書くわけです。

近藤：そのときは、ガリ版刷りですか。

本原：書記はガリ版で書くわけです。それから特移扱の時にはね、カーボン紙入れて複写にしちょりましたね。

近藤：何通ぐらい作ったんですか。

本原：あの時にね、私の記憶では、４通作ったと思います。

近藤：ガリ版っぽいですよね、これ（「特移扱」の復刻文書)。

本原：そうですね、切れている所ガリ版ですよね。とにかく、発送するのは、分遣隊に控えを取って、３部を本部へ送って、本部で１部取って、支部へ２部行って、司令部に１部とって、今度は１部がここの分の正式な指令書を付けて、本部へ来て、それから虎頭へ来て、それができて連れて行くと、いうことですね。

それで、ハルビンへ。三角伍長というのと新兵長のわしと、もう１人、３人で３人連れて、行くことになったんですね。その時に、憲兵の制服じゃいけんので、満人の服作れというわけですね。それで満人の店屋に行って、黒い上下別れる満服を作ってね、そして満人が乗ってる３等列車へ乗るんですね。そうすると憲兵は２等車はただですからね。普通の旅行する時は、２等車に乗るんですけどね。ほとんど２等車は日本人ですね。３等車は満人ばっかりです。その時に３等車に乗ったらね、にんにくの臭いが凄いのです。今でも中華料理でにんにくの臭いがすると嫌なんですね。あまり好きじゃないですわね、にんにくは。それで臭いの我慢してね、向こうの方は日本人だとわかって、犯人じゃということもわかるでしょうね。

近藤：それじゃ、手錠をかけて、捕縄もかけて。

本原：捕縄はしなかったが、足錠はかけたりしちょったですね。手錠かけて、それぞれその周りに座って、便所行く時には、やっぱり捕縄もあったかもしれません。一緒に中へ入る。内側から鍵を掛けて逃げられたこともあるんでね。憲兵と一緒に入って用を済ます。

そのとき、満人にはわかったかな、何のためなのかわかるかもしれませんね。それでハルビンへ着いて、大体夕方ごろ着いたですね。降りたら、ずっと駅から離れた所へ連れて行って、そしたらそこに2, 3人おりましてね、トラックが来て、この本の中にはダッチの４トン半とありますが、まさにそうですね。鉄の箱が付いてて、開けたら階段が付いてて昇ったら外からガチャーンと閉めて、そして三角伍長がそういう領収書を持って、渡したと。

近藤：ハルビンの駅の詰所みたいなものはなかったですか。

本原：詰所はあったんですが、詰所なんかには全然寄らずに、詰所は一般の者に対するあれですからね。特移扱のときは詰所なんかではなくて、直接迎えにきている……

近藤：ハルビンの本部から。

本原：ずっと離れた所です。

近藤：駅の構内から行くんですか。

本原：鉄道線路の所を歩いてね、だから駅の所に客車が止まりますね。降りたら縄持ってね、勿論手錠して縄持って、ずっとずっと何百メートルも歩いてね、すっと離れた所に行ってトラックが来たか、待っちょったんでしょうね。

近藤：受領証をもらって任務は終わりですね。

本原：終わりですね。こんなか〔越定男著『日の丸は紅い泪に』の中〕にトラックを運転する人のことが書いてありましたね。

近藤：その方がいつもやってたんです。ほんとに窓も何にも無しの鉄板で囲ってあるような。

本原：そう、要するに、国防色で塗ってありましたね。

近藤：やっぱり、鉄板に塗ってあるんですね。

本原：そうですね。

近藤：布がかかっているんじゃなくて、

本原：全部鉄の箱でしたね。

近藤：送ってった時は３人ですか。

本原：3人3人。だから20人くらいおって、何人かは釈放したでしょうね。交替交替、私は確か2回行ったと思いますけどね。ハルビンへ。

近藤：ハルビンまでなんですね。送って行くのは。

本原：ええ、そうです。

近藤：ハルビンの憲兵隊とはどのように連絡を取っていたのですか。電話ですか。

本原：司令部の方からハルビンに、だから通牒先は、東安憲兵隊とか、幾つかありますね。ハルビン憲兵隊というのはそこが、ハルビンが731部隊の方へ連絡したんだろうと思います。あそこにいた時は憲兵が常駐しちょったようなことが書いてあった。それでそこへ連絡する。そしたら、何日に連れて来いということになって、司令部の方から東安、東安から虎頭になると思いますね。

本原：わし、なぜそういうことを明らかにせんといけんかと言うと、731部隊というのはどういう風に処分されるか聞いてましたからね。

近藤：もう、その時には知ってらしたんですか。虎頭にいらしたときから。

本原：ええ。

近藤：特移扱という言葉ももちろんご存知だったのですね。

本原：虎頭の憲兵隊は特移送（とくいそう）と言ってましたね。書類見て、特移扱が正式な名前だったんだなと思いました。

近藤：特移送という文字もありますね。特移送、特移送と言ってたんですね。普通、特移送と言えば、皆、通じましたか。

本原：ええ。だからマルタというのは聞いたことなかったです。みんな特移送と言いよりましたね。

近藤：731に送られてそういう処分を受けることも、皆大体ほとんど知られていたんですか。

本原：はい。

近藤：まあ、そんなに特別に厳重な秘密だったようではなさそうですね、内部では。

本原：そうですね。

近藤：こういう書類もそんな袋に入れてだとか、そんな秘密扱いではなかったんですね。

本原：そうですね、これは、「秘」ぐらいのものですね。機密書類というのは、特別な封筒に入れて、「機密書類」という判がありましたからね。そうすると受付係も、分遣隊長とか上の人が初めて開きますからね。その分じゃないわけですからね。これは「秘」ですからね。防諜の「秘」ですから。ここ〔広島〕の、中国新聞の「語りの広場」というところに、わしが、歌を作ったときに、状況と本にある特移扱にある文の所を1ページぐらいコピーして付けて、実はこういうことが元になってこれを作ってんです、と書いたんです。そしたら載せてくれたんです。

近藤：これは……まだ最近ですね。

本原：はい、だから、こういうことではなくて、わしは慰安婦問題とこのことははっきりせにゃいけんと、思ってる。それと、もう一つ、芦沢さん〔731部隊関係の知人〕がうちに泊まって、いろいろ話をした時に、芦沢さんも特移扱を『憲兵外史』に載せたいと思うんですね。というのはいいものばっかりを書いた歴史書というものは、信用されんと。やっぱりマイナスのことも書かんと、それは信用できん歴史書になるから、ということで、書こうと思うが『悪魔の飽食』などが出てますので、別に憲兵が秘密にせんでもいいようなもんじゃが、慰安婦は割合と憲兵が主体、今度は憲兵がこの問題の主体になっているもんですから、やっぱり反応があるでしょうが、今、憲兵の組織はありませんし、わしもなんともありませんけどね。だから極力、あったことは言いたいし、あなたみたいな人が歴史を調べることは非常にいいことだと思います。

近藤：良し悪しはともかく、事実を記録しておかないことには。

本原：こういうものは、みんなコピーしておくんでしょ。

近藤：そうしましたら、明日までにどこかスーパーで、コピーできる所で、させてもらいます。

本原：送ります。

近藤：できると思いますよ。スーパーだったら。

本原：そうですか。うちにあるんですよ、文具店ですから。

近藤：虎頭には何年までいらしたんですか。

本原：ちょうど1年間。兵長のときにおって。

近藤：兵長でいらしたんですか。

本原：はい。

近藤：16年の8月から。

本原：次の年の8月ね。それで、本部から電話があったんですよ。わしが受話器を取ったらね、「本原兵長は8月1日付で、伍長に任官だと。それで同日付で、東安隊本部付を命ず」という二つの辞令を電話でもらったんですよ。そのとき、しめたーと思いましたね。なにしろヤバイでしょ。

こっちは虎頭で、向こうはイマンの要塞ですからね。それで、憲兵隊の隣に3階建ての望楼があるんですよ。行ってからね、見せてくれたんですよ、どうぞ、どうぞって。45倍の望遠鏡がありましてね、憲兵さんあそこになんかあるでしょう。草むらみたいな、そのこっちに向こうの砲台があるじゃん。わしらわかんなかったですね。ここにもあります、ここにもありますって言うんですね。それで降りたんですね。

もし、戦争始まったら、操縦せんでもバーンと行くようになってんですね。恐らくね。いっぱい死にますからね。こんなところで死んだら大変なことになると思って、ヤッターと思って、喜んで東安の本部に上がったですよ。

近藤：東安の本部というのは大きいのですか。

本原：ええ、東安の本部は、要するに、保安隊の下に、終戦の時には、東安分隊とそれから宝清、虎林、三つの分隊で、その下に分駐所などがありましたけどね。

その前は、林口、それから勃利。鶏寧に憲兵隊本部ができたために、半分になっちゃったんですね。そこ行って、わしら、庶務の書記という任務があったでしょ。

おそらく、転勤する1月ほど前に、わしらの同期のゴジョウキクジというのが来てね、それで、わしを本部へ呼ぶために、私の後釜を伍長にするために送っちょって、それから辞令出したんですね。

近藤：その時は、本部の隊長さんはどなたですか。

本原：白濱（重夫）隊長です。そして10月か11月頃かに平木（武）大佐になったんですね。

近藤：平木さんは捕まって撫順（戦犯管理所）に行かれていますけれども、白濱さんはどうなりましたか。

本原：あれはね、通化の憲兵隊長だったんですね。それで、ソ軍が来て、それで憲兵隊の留置所に入れられたわけですよ。それで、服毒自殺した。それで副官が広島県の人で、その人から聞きました。

近藤：本部も、特高と警務と庶務なんですか。

本原：そうですね。そのあと、経理だとか、医務室だとか、獣医務室とか、もう下士官だけで軍医はいなかったですけどね。経理だけは将校がいましたね。経理室ね。獣医務は下士官だけ。ちょうど長い建物で、半分が分隊、半分が本部になっていましたね。東安はね。

近藤：2階建てですか。

本原：いや、平屋建てで、普通の兵舎と同じ。満州の兵舎と同じ建物だったですね。わしは1年前に出たんですけど、残った人の話によると、(終戦時）東安から撤退する時に、ドラム缶のガソリンをずっと廊下に撒いてね、火付けて、焼いて、撤退したそうですね。

それでトラックで勃利の方へ逃げて、それから、列車に乗って牡丹江の方へ行ったら、牡丹江の所でソ連の戦車が待ち構えておって、東安の憲兵隊とか、いろいろな部隊の者が列車で、夜だったんですが、牡丹江の橋を通りかかったら、向こうから戦車が待ってて、バーンと撃ったもんだから、パッと飛び降りたんですね。

浅い所に降りたもんは助かったんですが、深いところは、なんせ長靴はいて軍装してますでしょ。重くてね、虎頭の分遣隊の中村曹長なんかは、当時は東安の分隊に転属になってたんですが、この人はそこで溺れて死んだそうです。中村曹長とか、小磯、宮沢とか、多くの本部や分隊の人が多く溺れて死んだそうです。

近藤：東安の本部にどのくらいおられたのですか。

本原：ちょうど2年間。伍長2年間して、軍曹になって、それで私転勤になったんですね。

近藤：関東軍の司令部の建物の、憲兵隊の司令部は向かって左側ですか。

本原：あれはね、駅の通りの100メートル道路がありましてね。こちらが軍司令部としたら、こちらが憲兵隊司令部ですけれども、これコの字になってて、この100メートル道路を渡った所は、関東局です。こっちが司令部です。関東局というのはご存知ですかね。憲兵隊司令部の地下室から100メートル道路の下を通った地下道がありまして、司令部へ上がるようになっています。

近藤：ああ、そうなっているんですか。

本原：アベさんという会社の社長だった人がいて、その地下道の工事はアベさんのお母さんのお父さんが満州であいう土木の請負師だったんですね。それで特別に見込まれてね、それで、地下道を秘密的にやってくれと言われたんで、労働者使ってそれを作ったそうです。

近藤：吉房（虎雄）さん、3課の課長ですね、吉房さんが書かれたものの中に、一番最初に特移扱の仕組みを決める顔ぶれなんかが書いてありますね。もう、それは各軍の司令官と憲兵隊の司令官の本当に上だけで決めたことですね。

本原：吉房さんは、終戦の時には平城の憲兵隊長をやっていたんですね。

近藤：それで、捕まって撫順に送られているんですね。

本原：はい、だから撫順で当時上の人がいろいろ述べてますから状況がはっきりしてますわね。

近藤：平木さんもいろいろ話してますしね。平木さんはジャムス（佳木斯）の方も行ってらっしゃいますよね。

本原：あれは東安からね、東安の隊長から牡丹江の隊長になったんです。そして司令部の高級副官になったんですね。それで、平木さんは広島県の人ですからね、で、わしを司令部へ呼んでくれたんですよ。ですからもし（東安に）残っちょったら、ちょうど終戦の時、長女が産まれたんですけど、長女は100%死んでたんじゃないですかね。乳が出ないでしょ。

だから東安会（戦友会）がありましてね、行ってその時に「本原君、いい時に司令部に行ったね。残っちょったら赤ちゃんはみんな死んだよ」と言うんですね。だから、平木さんについては個人的には大分お世話になっています。

それからずっと後死ぬ前に見舞いに行きまして、葬式の時に、弔辞読んでくれと言われましてね、それで弔辞書いたんですよ。で考えてみたら、平木さんが満州へ東安隊長になって来た時に、わしが部下で、また、司令部行ったら、わしの警務部長だったですから、そういうことで、一番良く知っているから書いたんですね。で平木さんは高級副官から警務部長になったんですよ。中佐で警務部長になったんですよ。

ところが、士官学校の五つも六つも上の人の大佐クラスがざらざらしておるわけですね。それで、中佐が大佐を指揮することはおかしいでしょう。急遽大佐になったんです。

大佐になれば階級が同じですからね、それも司令官が平木さんの人間性を買って、そういうことにしてくれたんですね。そのことを弔辞に書いたんですね。そしたら奥さんから非常に喜ばれてね。

近藤：司令官は誰の時ですか。

本原：三浦三郎という人ですね、平木さんをそこまでしてくれた人は。わしが行ったときは、大木（繁）司令官で。

近藤：司令部は何課あったんですか。憲兵隊の司令部は。

本原：そうですね、総務部長と警務部長がありまして、総務部長の方には、1課は編制とか教育とかそういうようなもんと副官部があって、副官部は高級副官、次期副官、また下士官などがおりまして、副官部は人事やらなんかをしておりまして、編制、動員や教育は総務部がやって、警務部の方は、2課と3課があって、2課が思想対策で、3課が防諜の方ですね、いわゆる特高の方ですね。

近藤：2課はどういうことをやっていたのですか。思想対策って。

本原：思想対策ですね。要するに民心の動向ですね。例えば、サイパンやテニアンが落ちたら、日本人はどう思う、朝鮮人はどう思うとかの民心の動向だったですね。私は軍需生産の方でね、高橋という曹長がおりまして、それの補助的なことで、大体、一つの部門を持つんですけどね、司令部は曹長クラスが一つひとつ持っているんです。その担当のものを。専門的に。軍曹が3人ぐらいでしたね。それの研修みたいなものですかね。将来曹長が准尉になったら、曹長に欠員ができますから、そうするとその曹長の部門を受け持つことになります。

そして、軍需生産は、わしが行ったときには、いろいろな生産が落ちてくるわけですね。生産隘路というのがありますね、隘路…狭い道、生産を阻害するようなものは、何が原因か、どうしたらいいかということを、満州製鉄とか何とかと言われる所へ憲兵を18人ぐらい主要な工場へ入れて、そして身分を秘匿して、それも丁寧にその故郷の市役所に連絡して戸籍表を偽るようなことをして、一つの召集解除になった兵隊を作って、ちゃんと就職口へ行って雇ってくれ、というようなことで、わしは召集解除になって本当の民間人として入って、というようなことがあったですね。その書類をまとめてするような仕事をやったわけですね。わしはその軍需生産ということで。

近藤：それは、いろいろ工作はするわけですね。身分を隠して。

本原：身分を隠して、どこが生産を阻害しているかを調べるわけですね。

近藤：定期的に報告をするわけですか。

本原：そうです、毎月、それまでに求めるわけですね。

近藤：報告書みたいなものに書くんですか。

本原：はい、司令部はいろいろな情報を集めたものを最終的にまとめて、それから軍司令部の参謀部にそういう担当があるわけですよ。そこへ情報をすべて送るんです。

だから軍事警察だったら、犯罪にはどういう犯罪がある、軍人の非行にはどういうものがある、ということを調べると全般的な軍人の士気とか規律というものがわかりますわね。それを参謀部に送ります。すべて参謀部の情報源であるような仕事ですね。

わしらも地下道を通って、わしらの軍需生産を担当する参謀に持って行ったり、書類だけではなく直接聞きたいということになって、連れて行ったりしました。

そうしたら、軍需生産の資料の中に、びっくりしたんですけれども、例えばアルミニウムですね、日本は3万トンなんですね。アメリカは300万トンなんです。大体100倍なんですね。それで戦後、2～3年前だと思うんですけれども、79倍という数字が発表されましたね。当時の日本とアメリカの差は。それで、わしら100倍と思ってたんだが、大体似たり寄ったりじゃのうと思ったことがありますね。だからこれは、勝つわけがないと（その時にもう）思いましたね。

それで、司令部では、だんだんだんだん戦争負けるから、末期的現象と言いよったです。下士官の間でね。どうしてかと言うと、南方の方へ大砲をバーと送るでしょ。そしたら弾だけ残っちょるですね。大砲は無いが弾がある、弾はあるけど大砲がないというようなチグハグ、どんどん情報が入ってくるわけ、資料で。

ですから、割合と司令部は階級制度の無いところで、普通の部隊だったら、オイ、オマエとか一つ階級が上だったら、そうやりますが、そういうことがなくて、中村（久太郎）大尉なんかは、本原君、何々君って呼びますね。というのも、総務部、警務部があって。警務部に2課と3課があって、2課と3課には3～4人の主任将校がいて、その下に部下5～6人が一つの部屋におるわけです。主任将校は5～6人の下士官しかいないのです。その下士官が一つひとつの仕事を持ってるもんですから、下士官がいい仕事をすることが、その主任将校の成績に影響するわけですね。

だから命令で「オマエこうしろ、ああしろ」じゃなくて、まず、下士官が作るわけ、下士官が専門的にずっと満州中から情報集めてやっていますから、一番詳しいですね。それだから、隣の人が何やっているかさっぱりわからんですね。

近藤：こういう3課の人たちの顔ぶれも、飛松さんなんかも当時からご存知だったのですか。

本原：わしの時にはおらなかったですね。この中（本）に、飛松さんはおもしろい人だと書いてあります。この頃飛松さんが、こういう特移扱をしてたんですね。そのあとに、すぐじゃないけれども、この本の中にこういうのがある。ここに、ちょっとここを読んでください。ここに、飛松さんがどういう人であるか書いてありますからね。この人は去年亡くなりましたね。

近藤：室長という言い方もしてたんですか。飛松室長、戸田室長……

本原：そうです。その主任将校の中に、5～6人が一つの部屋と言いましたね。その室長です。

近藤：飛松室長さんのところに、5～6人いらっしゃるわけですね。

本原：そうだけれども、室長の下ではないんですよ。仕事は1人一つずつの仕事を持っているわけですから、仕事は同じようにして、同じ格なんです。一番先輩だから、階級的にその人が一番古いから室長になっているんで、権限は無いんです。権限は主任将校ですね。下はみな同じです。だからこの中で後輩の者だからと言って威張るようなことも全然ありませんし、仕事はみな同率ですね。

近藤：主任クラスで准尉クラスですか。

本原：いや、主任将校は、准尉はいない。大体、大尉とか少佐とか。

近藤：飛松さんが准尉進級で転出後、また（福田）伸さんに代わった。

本原：この人は下士官のはずですね。

近藤：３課にいた方で、今でもお知り合いっていらっしゃるんですか。今でも、付き合いなんかが…。

本原：おりますね。列車警乗で捕まえた人で、あれ長崎県におるんですが……私は２課ですから特移扱のことがわかりませんね。

近藤：この司令部に行かれてからは、特移扱の書類は扱われなかったのですか。

本原：そうですね。

近藤：その列車警乗をやっていた人は、虎頭で列車警乗をやっていたんですか。

本原：いや、それは孫呉の方で、わしと会うて、何人か捕まえて、優秀なんで司令部へ来た人がおるんですね。もし、どういうことか聞きたいことがあれば……

近藤：特に、ここの３課で、そういう書類の扱いとか手続とか、そういったことですね。どういう風に書類が送られてきて、順番に判子を押していって、それがまたどういう風に送られてという手続き上のことですね。

本原：実は何人かおりますからね。

近藤：その方はまだこの本はお読みになっていない。この書類（特移扱い文書）のことはご存じない。

本原：更に詳しいことを知りたいから教えてくれという言い方をすれば、そんなに自分だけが黙っちょっててもしょうがないですからね。

近藤：こういう書類が出てますからね、なるほどこれをコピーして送ってみましょうかね。

本原：わしが督励してみます。そういうことに協力してくれと。

近藤：この前、電話で話しましたＭさんという方いらっしゃいましたか、名簿の中に。

本原：憲兵の名簿に載ってなかったですね。だから、憲兵の会に入ってないですよね。その人はやっぱり撫順関係の人ではないですか。

近藤：いや、撫順ではないですね。すぐ帰って来られてますから。

本原：それは、撫順に行かずに。

近藤：ええ、行かずに。

本原：ああそうですか、新しい分の憲兵名簿、店にあるんですがそれ見たら無かったんです。これが、古い分の憲兵名簿で。

近藤：ありました。特設隊になっている。教習隊にいらした頃に、特設隊のことはお聞きになったことはないですか。

本原：知ってますよ、86。

近藤：そこの人らしいですね。

本原：うちの同期生でも、86のもんがおりましたからね。

近藤：ああ、そうですか、86部隊で、昭和17年に牡丹江の方で割合大勢検挙した事件があるんですね。そのことを調べているんですけれども。このMさんは、そのリーダー的な立場だったらしいですけれども、その時の。その時のことをどなたかがご存知の方いないかなと思っているんですけどねぇ。

本原：牡丹江には同期のもんがいますからね。

近藤：そうですか。

本原：写真班しおったあれおりますね。あれに聞いたらわかるでしょ。

近藤：写真班の方。

本原：牡丹江の部隊でわしの同期でね、あれ何というたか、あれは知ってるでしょう。

■ 質疑応答

質問：証言の中に地下道を満人を使わないで、秘密を守るために日本人だけで作ったとありますが、それは憲兵隊の建物のことを言っているのか、731部隊のような監獄のことを言っているのか、そこらへんがわかるとどの程度秘密的なことをやっていたのかがわかると思うので教えてください。

近藤：このインタビューそのものは2002年3月28日本原さんの自宅でやったものですが、その時は虎頭の地下道の建設の話をしてこの話が出てきたんです。要塞の他にもかなり地下壕をいっぱい作ったと。お配りした資料の中に「虎頭の町」という写真がありますね。この崖下に、港のように船が着く入り江があるんです。写真ははっきりしませんが、これ凍結しているんです。冬場になるとウスリー江が凍結するんですね。ですから、それで敵のイマンの町が目の前ですから、往来が自由に出来るのです。氷の上を歩いて渡れるぐらいの状態にある。

そのために密貿易とか、諜報工作、スパイ行為が頻繁になる。そのためにこの虎頭の憲兵隊が忙しかったんです。その関連施設でもあるかもしれません。地下道と言うのは。常時20人ぐらいの捕虜がいたらしいです。よろしいですか。

虎頭の町

質問：町でとっつかまえた人なんかも特移扱にした可能性もあるわけですね。

近藤：ええ、インタビューに出てきましたけれども、果たして全部が犯人であったかどうかと言ってましたけど、中には731送りになるということがどういうことか知らない逮捕者や容疑者もいて、やってないこともいずれ何かはっきりするだろうということで、仕方なく拷問に耐えかねて罪を被っちゃうケースなんかもかなりあったみたいです。

それともっと特移扱が盛んな終戦近くなってくると憲兵の成績争いの対象になって、特移扱を何件やったかというのが、憲兵の成績評価にもなって、業績争いの材料でもあったんです。

質問：731部隊の関係者の方々と、どのようにして連絡をとることができて、こういうインタビューなどという場を設定できたのかということと、憲兵隊の方々、本原さんを含めて、どういう風に生き残ってこういう証言をやれるようになったのかということをお聞きしたいのですが。

近藤：最初の質問、私の取材についてですが、簡単ではなかったです。特に、森村誠一さんの『悪魔の飽食』がかなりヒットして、注目された頃は、すごかったです。「悪魔」呼ばわりされた人たちは、あの本の細かいことをほじくり返して、ここに間違いがあるとか、ここは間違いとかいうので、あんな本はいい加減なでっち上げの本だと言って、一つ間違いがあれば、一点突破式に全面的に否定すると言う形で。そういう頃には、元隊員どうし横の連絡が固くなるんですね。かつては過去に触れたくないということで連絡を取り合わなかったんですが。

この本原さんも非常に珍しいケースで、もと憲兵隊の全国的な組織で出すものの中に、機関誌『憲友』というのがあるんですけれども、それに昔のことを特移扱のことも含めて書いたのですね。

そしたら、全国の憲友会の連中から、どうして昔のことを蒸し返して、書くんだという批判を浴びたんです。

それでもさっきのインタビューの中にもありましたけれども、「事実を記録して後世に残したい」という本人の気持ちが強かったんで、中国新聞にも書いたりしました。それで一時は、「全憲連」、全国の憲友会からボイコットされて、総スカンを食うような形になった、それでも何かを書いたりしてたんですね。手記みたいな物をまとめて、その中に特移扱のことなんかを書かれてたりしてたんです。1人でやっていたこともあって、埋もれていたんですけれども。

1999年に黒龍江省の档案館が、特移扱の当時の書類、元のオリジナルの特移扱文書を見つけて、そのことを公表したんですね。それで黒龍江省の档案館と人民対外友好協会と日本のABC企画が協力し合って、『731部隊罪行鉄証』という本をまとめて一般に公開されました。

その時から、本原さんのことも調べ上げてきて、私も取材に出かけて行ったんですけれども。最初はなかなか話してもらえなかったですけれども、まあだんだん親しくなって、向こうにも信用してもらえるようになると、やっと取材ができるようになります。

これは憲兵隊の方に限らず、731部隊の関係者ほとんどみんなそうですね。その中で、懺悔の意味でとか、事実として残しておきたいということで、語ってくださる方をどうやって見つけるか。根気よくあたっていくしかありません。

今のインタビューの最後の方でMさんわかりませんか、という話になりましたが、関東憲兵隊には、特設隊というのがありまして、86部隊とさっきも言ってますが、電波を使って、無線の探知をやる部隊があったんです。

その部隊は無線で、情報工作をやる中国の地下工作員を摘発する仕事をしてたわけです。庄克仁さんという方をリーダーにして、地下工作のネットワーク、抗日活動のネットワークがあったんですね。

それが各地で活動してたんですけど、この86部隊によって、大連で検挙されたり、牡丹江、白塔堡で工作員が多数検挙されました。大連事件とか、牡丹江事件とか白塔堡事件とか、便宜的にそういう呼び方をしていますけれども、こういう地下工作員のグループを86部隊が摘発してた。

その中の一つ牡丹江事件、昭和17年7月にですね、牡丹江の駅員だった人たち、張文善ら、そういう人たちが一斉検挙されたことがあった。そのなかには後に、「私の夫が、731部隊に送られて犠牲になったらしい」ということで、「夫を探してくれ」と50年余も731の痕跡をたどり続けた敬蘭芝（けいらんし）さんのようなケースもあります。この人の旦那さん朱之盈さんは牡丹江事件の摘発の時に検挙されて731部隊に送られていたのです。

その牡丹江事件の摘発活動をやった86部隊のリーダーが、そのMという憲兵だったのです。このMという憲兵から話が聞ければ、牡丹江事件の摘発の経緯が随分わかってくると思って、それで長い間探していたんですけれどもね。

結局、今の本原さんとのやり取りで身元がわかったんです。さっそく訪ねてみましたけど、その人の郷里に。ところが既に亡くなっていて、遺族しか残っていなくて、書き残したものも無く、Mさんへの取材はそのままそこで途切れたままになっています。年代的に、特に最近では困難になっています。

質問：ちなみにケンユウというのは、「憲兵」の「友」と書くんですか。

近藤：そうです。そういう機関誌は今はありません。2002年のインタビューの時点でも、無くなっていました。

『憲友』の以前の古い物は見たことが無いですけれども、何冊かは持ってます。ほとんどが、戦友会誌みたいな感じで、回想録ばっかりですね。亡くなった方の追悼文とか、上官の思い出とか、苦労話がほとんどで、特移扱のことは一切出てません。慰安所関係のものもちょっとは出掛かりましたけれども。

お配りした写真の中に、集合写真がありますね。これが新京にありました関東憲兵隊の司令部の玄関です。憲兵隊司令部の集合写真です。さっきのインタビューで飛松という名前が出てきましたけれども、飛松さんというのは１枚目の資料の左側、「虎頭憲高第二九〇号　蘇諜　于金喜ノ取調状況ニ関スル件報告」、これは特移扱にしてよろしいですか、させてくださいというような司令部に対する許可申請書ですね。特移扱に関する文書の１ページ目です。

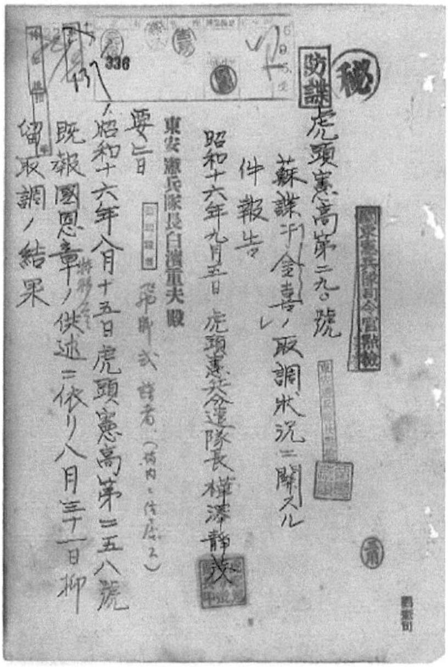
秘
防諜
虎頭憲高第二九〇號
蘇諜于金喜ノ取調状況ニ關スル
件報告
昭和十六年九月五日　虎頭憲兵分遣隊長
東安憲兵隊長白濱重夫殿
要旨
ノ昭和十六年八月十五日虎頭憲高第二五八號
既報國恩章ノ供述ニ依リ八月三十一日抑
留取調ノ結果

本原氏筆　虎頭分遣隊作成の「特移扱」報告書

これは、本原さん本人が書いた文書です。この文書の上の余白に升目で仕切ってあってちょっとわかりにくいのですけれども、箱書きの中の一番右側に判子じゃなくて手書きのサインみたいのがありますが、これが原という関東憲兵隊司令官のサイン、その左側の下の方にある判子は、上の部分は警務部の枠で、下が総務部の枠で、上は空欄で判子がないですが、長友（次男)、という総務部長の判子なんです。

その左上に吉房という判子があります。これが警務部の第３課長です。さっき話に出ました２課の思想対策、３課の防諜、その防諜係が特移扱の担当なんですけれども、その課長が吉房虎雄なんです。その左側上下がなくて、そのもう一つ左にちょっと細長い縦長の判子があるんですが、これが飛松っていう判子です。これが警務部の担当の判子なんです。

話に出てきた飛松、飛松というのはこの書類を見ながら本原さんは言っていたのです。この方は先ほどの集合写真の最後列の一番左、憲兵の腕章が見えるこの人が飛松という人です。

この文書で于金喜がどういう状況で逮捕されて、取調の状況はどうであったか､容疑はどういう容疑なのかという報告がこのあと続いています。「既報國恩章ノ供述ニ依リ」の横に「特移スミ」と書いてあります。この國恩章が特移扱になった書類も見つかってます。「國恩章ノ供述ニ依リ８月 31 日抑留取調ノ結果」虎頭からイマンに渡って、イマンのソビエト軍に捕まって、諜報員になることを承諾するんですね。

またこちら側、虎頭に戻って日本軍の状況を通報して、イマンへの往復を３回やったんです。という取調の結果、逆スパイとして使う手もあるんですけど、逆利用の価値も無いと認められるので、特移扱に処すべきだという報告書、許可申請書を出すんですね。

さっき４部作ると言ってましたけど、手元に１通残して、憲兵隊の本部から司令部に行って、また憲兵隊の本部に行くその４部を作る。その捕まえた所の分隊、分遣隊なりでこの書類を作るわけですね。この場合だと東安憲兵隊本部が１部持って。それから関東憲兵隊の司令部、さっきの担当主任の飛松という担当者が、時期によって担当者が変わりますが、この時は飛松氏が検討して特移扱がふさわしいという決定をして、上にあげる訳ですね。その３課長、吉房が憲兵リーダーとして判子を押すわけですね。その決定したものを司令官に上げて、この場合は原守という司令官が許可のサインをする。そうするとこの許可申請書の１部が憲兵隊の本部、司令部から憲兵隊の本部にこの于金喜を特移扱にしたのでハルビン憲兵隊に、送致しろという命令がいく訳です。そしてもう１通の書類を本人容疑者に付けて、ハルビンの憲兵隊に送るのです。

本原さんも３人の特移扱のマルタを３人の憲兵で連れて行き、ハルビンの駅のホームの外れの線路越しに行った所で、特移扱を迎えに来ている鉄板の箱みたいな車に乗っけて731に行く。そういう仕組みなんです。

1枚目の右側にあるのが司令官の命令書なんですが、「ソ諜ノ処置ニ関スル件指令」、一番下に飛松という判子があります。その上は森本っていう主任なんですけれども、森本という人は、さっきの集合写真の飛松氏の右隣にいる人です。その主任が決定したのを上の課長に上げて、吉房という第3課長が判を押して上へ上げると、部長の長友に見せる。このとき、警務部長がいなかったんでしょうね、何処かに行って。総務部長の長友という判が押してある。一番上の手書きの原という司令官ですね。それで「ソ諜于金喜ハ特移扱トスヘシ」、この指令書が出ると否応無く、もちろん裁判はなく、731部隊へ直行です。

質問：今の吉房虎雄ですが、『731資料センター』の会報の第11号に、瀋陽特別軍事法廷での自筆供述書が載ってますね。

近藤：特移扱の仕組みはかなりシステマチックに出来ているんですよね。この規定を作ったときの経緯を吉房虎雄が書いています。メモの2枚目ですね、「厳重処分」から「特移扱」へというところです。

1938年までは、偽「満州」国が建設されると同時に「暫行懲治叛徒法」と「暫行懲治盗匪法」というのが出来て、憲兵隊の権限が拡大される。日本軍の軍隊内の規律とかを取締るのが、本来の憲兵の任務なのに、偽「満州」国民などの一般市民を検挙するには法的な根拠が必要なわけで、建国とともに叛徒法とか盗匪法が成立して、一般市民まで取締る。「厳重処分」というのが処刑なんです。厳重処分の権限が、日本軍の憲兵に与えられていて、裁判に送致することなく、勝手に憲兵の方で決めて、処刑して厳重処分にしていいよ、という法律で、憲兵が厳重処分をみだりにやっていたんですね。

そういう偽「満州」国内の法律に、左右されていたり、支えられていたり、日本軍の権限を与えられていたり、陸軍大臣の権限も検挙に使われています。

つまり日本軍の憲兵は、いろんな所から首を突っ込んでくるのに対して、単純な組織ではなかったんで、ちょっと横暴なことをしても、どこも口を出せないような複雑な権限が与えられていたんですね。結局やりたい放題になっていた。ところが、「厳重処分」を勝手にしたりするもんだから、抗日活動も激しくなるわけです。「厳重処分」を行う憲兵隊員たちにも相当激しい反撃が重なるもんですから、このままじゃまずいと。ちょうどその頃、731部隊の建物が完成しかかるんですね。38年の初め頃というのは、外郭は出来て、監獄も出来て、マルタを収容する施設が出来たわけです。

吉房虎雄が書いた手記に依りますと、ちょうどそのタイミング、1937年の末頃は、「9・18以後、日本帝国主義は、東北「満州」では「厳重処分」といって、現地部隊の判断一つで中国人民を、勝手気儘に惨殺する事が公然とゆるされていたが、後から後へと続く抗日烈士の抗争によって、この「厳重処分」も、一九三七年、表面上、禁止しなければならなかった。

その後、関東軍司令官植田謙吉、参謀長東條英機、軍医石井四郎、参謀山岡道武及び関東憲兵隊司令官田中静壱、警務部長梶栄次郎、部員松浦克己らのあいだで秘密裡に、この『厳重処分』にかわる中国人民虐殺計画が進められていた。それは、なるべく簡単に、無制限に、中国人民を細菌培養の生体材料として手に入れることであった」(『三光』光文社　1957年)この協議でそういう仕組みを作ろうということになるんです。

関東軍のトップからみんなそろって、重要な部署の人たちが顔をそろえて決めたことですから、すんなり、もう翌月の38年の1月26日に関憲警第58号という司令部命令が出るのです。

これが特移扱の規定の始まりです。こういう仕組みを作りましたから、この仕組みに以降従えと。それからすぐに特移扱が始まって、731部隊にマルタが送られるようになって、その後、43年の3月12日に関憲高第120号「特移扱ニ関スル件通牒」という補足規定が出されるのです。この

関東憲兵隊司令部前の高等官

書類はハバロフスク裁判の公判書類という本の中の証拠書類という写真が載せられている中に、この通牒が載っています。現物を写した写真とそれに通牒の別紙が載ってます。これも集合写真の隣、左側のページです。

これ（配布資料を示して）が、別紙の写真です。「『特移扱』ニヨリ輸送サレル者ノ区別表」。どういう者を、特移扱に処置すべきかという区分を記したものです。それを、読みづらいので、文字起こししたものが、最後のページです。虎頭の町の左隣です。これも後で、ゆっくり見ていただきたいと思います。

ひどいなあと思うのは、左から３行目、思想犯人（民族、共産主義運動事犯）の２段目「事件送致スルモ当然死刑又ハ無期ト予想セラルルモノ」、そういう予想がされたらもう特移扱に入れちゃう。区分に入れる。とか、特移扱相当人物ノ一味、罪状軽シト雖（イエド）モ釈放スルコト不可トスルモノ、釈放するとまた何をするかわからないから特移扱にしちゃえというひどい区別です。これが43年3月12日に補足規定として出されています。

ついでに簡単にご説明します。特移扱の決定が、特移扱にすべしという司令官の命令が出ると憲兵隊が731部隊へ送るわけですけれども、この特移扱の規定を利用できる組織は憲兵隊のほかにもあって、関東軍情報部、つまり特務機関の本部ですけれども、そこの下部に特務機関の支部がありますね。大連特務機関とか、各地にある特務機関の支部で捕まえた容疑者をですね。そういう捕虜を特務機関の本部へ、つまりハルビン特務機関ですが、ハルビン特務機関に送って、そこから731部隊に送る、そういうルートもありました。

そのハルビン特務機関の「特調部」、特別調査部の意味なんでしょうけれども、特調部と呼んだり、「保護院」と呼んだりしてた、そういう組織がありまして、ハルビンの保護院はロシア人の捕虜を拘置、取調べしてた施設で、そこからもロシア人を731部隊に送ることができた。その保護院というのは、ハルビンのほかにウランバートルにもあって、モンゴル人の捕虜たちを収容していました。これは先ほど出た、牡丹江事件や白塔堡事件で捕まった関係者がこっちに収容されました。憲兵隊は、「郵政検閲」と言って、手紙を、一般市民のものを含めて、湯気であぶってこっそり中身を検閲する郵便の検閲というのをやってまして、その中から怪しい容疑者を絞り出す。そこで、牡丹江事件や、白塔堡事件の地下工作員があぶりだされていったケースもありました。

それから、通称「分室」と呼んでたんですけれども、偽「満州」国の治安部の中に、地方保安局というのがあったんです。それを通称分室、分室と言っていたんですが、この分室で捕まえた容疑者や捕虜も、ハルビンの場合表向き「浜江省松花塾」という看板が付いている施設に、塾のような体裁なんですけれども、実は中は監獄で、分室が捕まえた容疑者をここに収容して731に送るケースもありました。

終戦の時のことを説明します。

東安憲兵隊の場合、地元の牡丹江の、憲兵隊を解散して22師団の中に合体します。その時に東安憲兵隊の文書だとかいろいろな資料や証拠品なんかは牡丹江憲兵隊に移管してそこに保存すべしという命令が8月に出ました。東安憲兵隊の資料がみんな牡丹江に行ったんですね。8月9日にソ連が侵攻してきて、さっき牡丹江の橋から飛び降りて溺れ死んだなんていう話も出てましたけれども、私のこれは推測ですけれども、逃亡する時、そのまま逃げたのだと思うのです。焼却も何もしないで。そこで押収された資料類が特移扱のものを含めて、それが後々、公安庁の方へ所管が移って、それが黒龍江省の档案館に行って、それが特移扱の文書ということで発見されたのは、そういう経緯があったからだと思います。

8月9日、ソ連軍が入って来て、証拠を処分しなくちゃならない中で、マルタがですね、領事館の地下の収容施設にいたり、特務機関保護院にも何十人か残っているんです。それから匆論平房の本部の特設監獄にもいましたし、それで731教育部の溝渕俊美という隊員から直接聞いた話に依りますと、衛生兵の兵隊たちや軍属の運輸班員がマルタの処分をやるんですね。

領事館にいたマルタとか、あちこちのマルタを全部平房に集めたんですね。集めて殺した上、ロ号棟の中庭で、監獄の前で焼却処分をするわけですけれども、総務部長の大田澄というのがロ号棟の第1棟の階段下の前に陣取っていて、証拠処分の指揮をとっていた。その横に警備の溝渕さんが立っていました。

マルタの焼却処分をしたリーダーの西山征爾という隊員が報告に来て、「マルタ404本、焼却終了しました。」と報告するのをそばで聞いていたんです。その記憶がはっきりしているので、それを信じれば、最後にマルタは404人がロ号棟の中で処分されたということです。

時間がきましたので、ほかになければこれで終わりたいと思います。

2015年10月31日ビデオ学習会　731部隊員の証言シリーズ／第3回
初出：NPO法人731資料センター 会報 第17号（2016年8月10日発行）

元 731 部隊建設班

鈴木進さん

元 731 部隊総務部

鈴木イトヱさんの証言

今日は、平房で 731 部隊の建築物を作りに行った建設班の運転手をされてた鈴木進さんと奥さんのイトヱさんの話です。

部隊のロ号棟という中央の研究室とその中庭にありました 7 棟・8 棟の特設監獄を建設した 1938（昭和 13）年に、初めて鈴木組、大林組、松村組が行って、それを第 1 次建設という言い方をしておりますが、そこで最初から建設に参加した方です。

昭和 13 年に行って、終戦までずっと向こうにいらした方です。マルタの話は、直接の担当ではありませんでしたが、知っていらっしゃる。この取材をしました 1995 年頃は、まだ世間的には 731 部隊に本当にマルタと称する人体実験される捕虜がいたのかどうか、本当に人体実験があったのかどうか、7 棟 8 棟の監獄と言うけれども、実際にそれが事実なのかどうか、はっきりしない段階だったんです。それでこの鈴木さんの所へ、本当にマルタの被害の事実があるのかどうか聞きに行ったという段階ですので、はっきり確定してきた今からするとまどろっこしいところもありますが、その事をご承知の上でご覧いただきたいと思います。

―――――証言ビデオ―――――

〔　〕は編者注

近藤：大雑把ですがハルビンのこちら（図面右）が平房の駅で、ここに引き込み線があって。

鈴木：ええ、ありました。

近藤：これがロ号棟ですよね。7棟、8棟です。

鈴木：これは萩原〔英夫＝同僚〕君がいる時は。まだこれでやったの。今はこっちへこう来たですよ。ここが飛行場ですからね。ここは通らせなくて、ここにもう一つ炉を作ったの。これと同じまだ大きいの。こん中に作ってね。滅菌室、こんな大きなね、滅菌室を作ったの。これも私が作ったですからね。これが1棟ですからね。

近藤：これが、こっちの大きく描いたやつ〔図〕で、これが1棟です。奥さんここにいらしたんです。〔第1棟の〕2階に。

イトヱ：そうです。そうです。

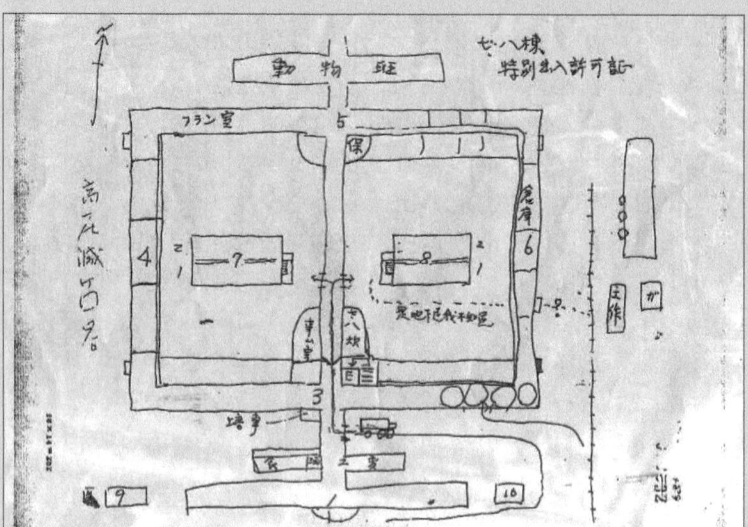

石橋直方氏手書きの特設監獄の略図

ロ号棟の図

近藤：2階が全部総務部なのですか。
イトヱ：ええ。
近藤：位牌があったりだとか。
鈴木：そう、戦死者とか何とかのね、全部、お骨もありましたよ。逆だよこれ。
近藤：あれだけの部屋…
鈴木：隊長の部屋の脇にあったあたり。
近藤：ここ〔第1棟の東端〕に隊長の部屋がありましたよね。
鈴木：こっちです。こっち側にあったの、お骨の部屋が。これはこっちなの。これは反対。
近藤：これは2棟でしょう。
鈴木：わしらのがここですからね。ここなの。
近藤：こっち側ですか。
鈴木：そう。これは反対。
近藤：ここは3棟。5、6、7、8。
鈴木：それで最初は1棟からはね、2階は無かったの。
近藤：2階は無かったんですか。
鈴木：いやいや、それでね。これ〔第1棟〕は2階があるんだけれども、この廊下、廊下は最初は1階だけだったですよ。それで途中で2階に達したの。これはこっち側なの。
近藤：これは2階無いですよね。
鈴木：無いです。平屋でこっち側。そこに私たちがいたのですから。
イトヱ：あの電気の部屋は何処にあるの。発電。
鈴木：それはこっち。これは大きかったですよ。
近藤：大きな煙突がね。ここが研究室〔ロ号棟〕。3階建てで。
鈴木：3階と言ったって高さが違うですよ。
近藤：もっと高いんですか。
鈴木：5階ぐらいじゃない。高さは。普通の家と違うんですから。1階分の高さが高いですから、その3階ですから。うーんと高いです。この上から見ると、20里ほど先の線路や汽車なんかが見えるんですから。
近藤：ここに廊下がありますね。この廊下は何階建てだったんですか。
鈴木：だから後で、2階にしたんですよ。こっちまで抜けませんよ。ここで切れちゃっている。

近藤：ここは無いんですか。

鈴木：無いんです。ここは切れちゃっているんです。

近藤：ここが３棟から８棟は無いんですか。

鈴木：無いんです。切れちゃっている。

イトヱ：営繕班はどの辺になってたの。

鈴木：営繕班はここ。こっち側には無いんだから。東側にここに営繕班があった。

イトヱ：一時、畑の技手が、私を連れてって「僕を手伝ってくれないか」と言って、畑の技手が勤めていたのはこの辺だったと思うの。それで私にね、事務は私が１人でやっていたんだから、その日その日、毎日書類などを証拠を残さないために、全部その日に処分することになってたのよね。間違った書類とか何かいうものは。その焼却を私が責任もってやってたんだけど、確かこの辺でやっていたと思うの。同じ総務部の中でちょっと何回か変わる時があるんですよ。それで野戦病院にも配属されましてね。また、最終的にはここに戻ったんですけどね。

鈴木：野戦病院って郵便局。あれは営外だよ。衛門の外。

イトヱ：衛門の外なの。野戦郵便局にも一時行ったんだから。私が局員だったから一緒にね。

鈴木：何処の道路、これからこうね、ここさもう一つ。

近藤：こっちへこう入る、北の方に。

鈴木：ここへ、これと同じくらいの炉を作ったの。後でね。こっちから、ロ号の後ろを通って、こう来たです。萩原君がいる時はこうですよ。

近藤：ロ号棟の四隅には電気〔サーチライト〕が付いていたそうです。

鈴木：あったでしょうよ。絶対ここからは逃げられないですよ。いかなることがあったって。ここ〔７・８棟〕の２階よりこっちの方がうんと高いですから。

イトヱ：営繕班ここですか。

鈴木：営繕班はここ。

イトヱ：で、この戸は何なの。

鈴木：これはロ号。大きいの。

イトヱ：ロ号って、そのアレ〔マルタ〕が入っていたところでしょ。

鈴木：入っていたのはコレ。

イトヱ：これが囲いになっていた？

鈴木：これは見えないもん。

イトヱ：とにかく、これが高かったのを覚えています。書類を焼却していた時に、壁の高いのがあって、それでその向こうは、そういうマルタって言うんですか。それの入っている所だという事は聞いていたの。だからやっぱしね、人にさせないことを私にさせていた。焼却なんかは、誰にもさせないで私が責任もって、用の済んだ書類なんかをみんな…

近藤：営繕班のいた所は、営繕以外には？

鈴木：誰もいないです。

近藤：炊事班なんかもいなかったですか。

鈴木：ありませんよ。炊事はない。それで、ここにね、マルタの焼き場があったです。その向こうにもう一つ炉があったです。

イトヱ：こう地図を見せてもらうと思い出してきますよ。

近藤：これがですね、7棟、8棟の中です。鉄の扉がここにあって、

鈴木：そうです。これもみんな扉ですよ。全部鉄の扉。

近藤：これも鉄の扉ですか。

鈴木：はい、絶対出られない。

イトヱ：これ一つひとつ区切ってあるんですか？　それでここの中に何

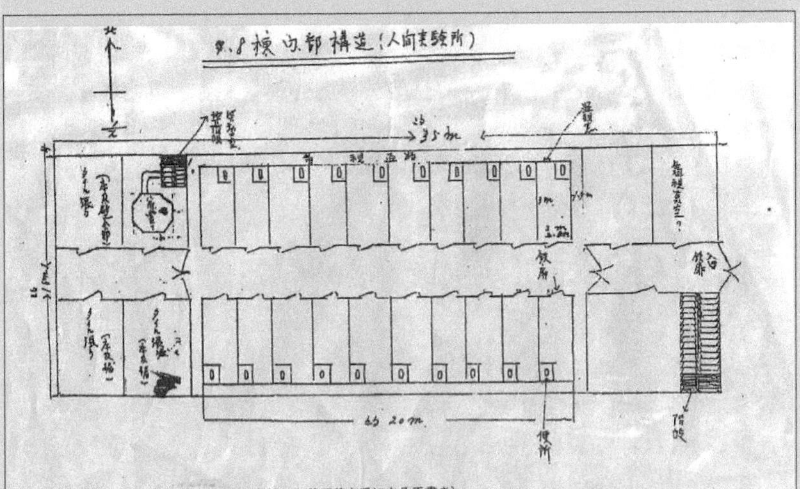

特設監獄内部の略図（731 部隊の設置に参加した荻原英夫氏による手書き）

特設監獄内部の略図

人ぐらい入っていたの？そんなことはわかんないでしょうけどね。
鈴木：うん、それは、おれらは入れないもん。
近藤：この仕切りは何でできているんですか。
鈴木：レンガ。壁は塗っちゃってあるから。絶対話もできない。
近藤：トイレが付いているんです。
鈴木：ええ。それで、ここから窓があってね。ちっちゃな窓が、そこから食事を入れる。
イトヱ：やっぱ、刑務所みたいなところだな。
近藤：こっち側は窓があるんですか。
鈴木：無いですよ。無い、無い。電気以外には真っ暗ですよ。消しちゃえば真っ暗。上下にありましたよ。2階も。2階も同じ。
近藤：同じつくりですか？
鈴木：同じ。全部これは同じ。
近藤：ここんとこは外側、廊下があるんですか？
鈴木：いや、ありませんよ。
近藤：廊下は無いんですか。
鈴木：これ〔真ん中〕1本ですよ。
近藤：ここで2階に上がるわけです。
鈴木：うん。炊事場はこれだろ。こんなかで炊事してますよ。
近藤：そうですか。これがその八角堂ってやつですよ。
鈴木：それ、何すんの。
近藤：なんか、ガラス張りの窓が付いていて、中が見えるようになってて。
鈴木：覚えないな。
近藤：これ、床は板張りなんですか。
鈴木：いや、全部コンクリよ。
近藤：全部コンクリート。
鈴木：詳細、床やったのはそれは覚えないけれども、全部コンクリで打ってあったですよ。
近藤：壁も、板は、無いのですか。
鈴木：無い。無い。板やったかは忘れちゃったけれども
近藤：天井は毒ガスが出るようなパイプが、天井にあったとかなかったとか、いろいろ言ってますけど、そんなものはあったんですか。
鈴木：それは、わかんないね。これ全部、毒ガスで殺しちゃったでしょう。最後は。

近藤：それを、毒ガスでやったものか、何でやったものかよくわからないんですけど。

鈴木：その同僚の話では、こん中で生まれた子がいたですよ。ロシア人なんかのね。私は知らないんだけれども、その子らね。ほら、〔建物が完成した後〕無職の人はここのみんな看守やってましたから、同僚ですからね、よく教えてくれるんだ。その子が苦しんで死ぬのを見てられなかったって。最後ですよ。これ全部ロ号の中で薪で燃しちゃったでしょ。この中のそっくり。それよりもまだひどかったのは、こっちにこう倉庫がたくさんあったですよ。その中で、使っていた子供ら、いい着物をやるからと言って、入れちゃって周りから、ガソリンぶっかけて燃やしちゃったの。

近藤：最後逃げてくるとき？

鈴木：そう。私は見てなかったけど、ボンボン燃えているのよ。そんな話を私聞いたね。秘密がばれるのが恐ろしいためにね。みんな同じ服着て、使ってたね、その子供らは。20歳くらいのね。

近藤：20歳位。同じ物を着てて、制服を。

鈴木：制服だけど、ちょっとカーキ色の、服は違いますよ。カーキ色のきれいなものを着せて。私らは建設班ですから、これは関係ないですよ。これは労務班いうのがあって、誰だったっけなあ、あの親父は。工藤！工藤！

近藤：さっきの技手とは違う？

鈴木：違う。陸軍少尉かな。嘱託でね。工藤嘱託ってね。何でもそんな話…

近藤：工藤〔與四郎〕嘱託。

鈴木：そうそう。

近藤：その労務班をやっていた。

鈴木：労務班長ね。何人もそういう話、聞いた。使っている奴を、何かやるから入れって入れておいて、ガソリンぶっかけて燃やしちゃったという話。とにかくそっちこっちボンボンボンボン燃えているんですよ、この後ろのもう一つの〔北の〕ロ号の中で、バーン、その滅菌器、こんなに大きな滅菌器があるんですよ。そんなのも工兵が来てバーンバーンとやって〔破壊して〕いましたよ。

近藤：多古〔町〕で亡くなっちゃった特別班の、ここの看守をやっていた、さっき名前を聞くのを忘れちゃったんですけれども、多古で、もうみんな亡くなった方、前田さんでなくて何でしたっけ。

鈴木：みんな死んじゃった。誰だ、他に、生きているのか。スガイの人も死んじゃった。

近藤：そういう人たちの息子さんたちか誰かが、親父からこういう話を聞いていたとか

鈴木：教えないでしょ。絶対教えない。誰だろな、看守は。当時私らより年配だったですからね。

近藤：そうですか。

鈴木：看守の人が今生きていれば、82，3じゃない。

近藤：みんなそんな歳ですか。

鈴木：そう

近藤：若い人はいないのですか。

鈴木：いない。

近藤：みんな、鈴木組の人とか、工事で来た人が、そのまま無職の人がそのままやった。

鈴木：そうそう。鈴木組の人はやりませんよ。

近藤：やらない。

鈴木：ただ軍医学校で採用になって一時ちょっと鈴木組に籍を置いたですよね。まだ、部隊がない時代に。すぐ採用になっちゃったですから。菅井一雄さん、菅澤操さん。菅井一雄さんはね、芝山町の人だったな。この人も死んじゃっていないだろうね。

近藤：菅井一雄さん。

鈴木：ええ、

近藤：菅澤さんは何処の人ですか。

鈴木：菅澤、……あの人は加茂かな。それから青柳〔雄〕さん、あれは死んじゃったもんね。

近藤：青柳さんは後は看守に？

鈴木：ならない。あれは看守に行かなかった。帰っちゃった。元の遠山村からも来てたですよねえ。三里塚ね。今は成田市に合併して、そこらからも随分来てたよね。その人たちは看守になったんですよ。とにかく無職の人はみんな看守だから。その他の余った人は動物班。

近藤：剛男さんの弟〔三男が班長〕です。

鈴木：そうそう。それで。その饅頭（マントー）、その食べるのを饅頭（マントー）と言うですよね。

近藤：あ、まんじゅう。

鈴木：私、言ったの。饅頭を持ってきてくれと言ったんです。そん中〔監獄の中〕で作っているんですからね。その〔毒の〕入っていないのを持ってこいと言ったの。試験には、惣菜入れて食べさせますからね。いや、うまいんですよね。あの饅頭がね。そういう野郎が作っているんですから。あの看守の奴らが。

近藤：その人たち〔特別班員〕が作るんですか。へぇー。

鈴木：みんな死んじゃったもんな。八日市場市の須賀（すか）。

近藤：須賀さん。

鈴木：今は八日市場市に須賀と言う所があるんですよ。どんな字書くのかわからないけども。そこに伊藤八郎さんというのがいる。その人はまだ生きていないかな。私らと四つぐらいしか違わない。歳がね。今生きていれば80ぐらいかな。その人もきっと看守やっていたと思う。

近藤：普通の伊藤と言う字ですか。藤のフジ。

鈴木：そうそう。

近藤：篠塚〔良雄〕さんが一度八日市場で、多古だったかな？　ある娘さんが飲み屋さんやっている所へ連れて行ってくれて、親父さんが看守やっていたんだというひとの所へ行ったことがありますけれどね。

鈴木：ほう。多古は多いもんね。

近藤：あれ、看守って何人ぐらいいたもんですかね。普段。20人ぐらいいたんですか。

鈴木：いたでしょう。

近藤：40くらい部屋がありますよね。

鈴木：片方だけでも相当ありますよ。上下ですもんよ。それで2棟ですもん。

近藤：ああ、そうです。

鈴木：その中に何人いたか分かんないけれどもね。あの野郎が生きていれば分かるんだがな。よく、教えてくれるの。こん中にいないかな。(写真帳を見ながら）一緒に〔建物を〕作っていたって、そうそう入れてくれないですからね。でき上がった当時のお祓い、いや、わかんないな。これが全部うちの班ですからね。あのね、茂原にね、オグラ何て言ったけな。

近藤：オグラさん

鈴木：それは、看守じゃないですよ。要するに、パイプをつなぐ、なんて言いますか？

近藤：配管工。

鈴木：配管工！配管工は修理に中に入るんですよ。だから看守と同じによく中に何人入っているとか、オグラ。彼は私より二つぐらい若いの。終戦後ね、30年頃ですか、私は普通免許は持っているんですよね。終わった時、元は普通免許だったですからね。三輪車〔の免許〕を取りに行ったの。偶然に行き合ったんですよ。でね、「どこだお前は」と言ったの。「茂原にいる」と言ったから、それ尋ねに行こうかと思っているの。〔彼なら〕そん中に何人、一部屋に何人入っていたかは分かるんですよ。

近藤：オグラさん。

鈴木：オグラクラジかな。大将ならまだ生きてますよ。私より二つ三つ、若いですからね。ずーっと後から来たですよ。配管工なんていうのは、例えば水が出なくなったり、暖房が効かなくなったりすれば、自由に入れる許可証があんの。それが無ければ絶対に入れないですから。それで同じ同僚がやっているんですよ、看守に。そこに看守がいて、そこから先は誰も行けないです。ガーッと鍵の扉が閉まっちゃってね。そこは通らせませんよ、第一。2階から繋がっていて、そこは通らせませんから。

近藤：え、2階が繋がっている？

鈴木：繋がっているでしょ、コレ。

近藤：ここ通れませんか？

鈴木：ここ通らせませんよ。ここまでしか行かれませんよ。2階も1階も。

近藤：1階も。

鈴木：7棟、8棟もここまでしか行かれないですよ。ここは通らせませんもん。

近藤：あ、そうですか。じゃ、ぐるっとこう行くわけです。

鈴木：そうです。これは廊下があるですからね。これは行けるんですよ。女性はここから先は入れられないから、わかりゃしませんよ。ここから先は絶対。

近藤：この廊下は2階廊下も、入れる人は入れるんですか。

鈴木：入れないですよ。〔鍵を〕持っているんですから。ここに番がいるんですからね、入れないですよ。

近藤：入らないまでも、ここ行き抜けることはできますか。

鈴木：行けない。見えちゃうから。

近藤：見えちゃうんですか。

鈴木：窓から見えるからね。この中で何をしているかわかるでしょ。

近藤：見えちゃうんですか？

鈴木：ここにいますもんよ。連中に聞いた話だけども、同じ温度の水の中に男と女をぶっこんだら、女の方が長く生きてるそうです。

近藤：へえー、そうですか。

鈴木：やっぱし脂肪の関係じゃないですか。例えば片方が1時間とすると、片方は1時間20分とかね。女の方が生きていますよ。一番可哀想なのは凍傷の試験ね。これは一番可哀想だって。零下30何度の水の中にぶっこんだらみんな溶けちゃうでしょうに。「アイヤー、アイヤー」って言ってるそうです。感じが無くなるまでね。

80〔歳〕超えているから、年齢的には、大分亡くなった人もいるけれども。

近藤：まだ元気な人もいる？

鈴木：うん、いますよ。

近藤：青柳雄さん。

鈴木：アー、あの人は死んじゃったよ。あの人は、芝山町の加茂のもんだから。我々が行った時は、いいお父さんだったんだから。旦那だもん。我々が若い衆の頃は。

近藤：我々は想像でしかないけれど、マルタの7棟、8棟は本当に監獄みたいな感じですか。

鈴木：監獄と同じだよ。それであの部隊はね、あそこから逃れようとしても逃げられないよ。4階建ての四角な升型の部隊だから、レンガ造りでもって、4階もあるでしょ。その中に特別班の牢獄があったから、そこから飛び出してっても、こういうような高い4階建てだからよじ登るも何もできないわけだ。それで、日光浴なんかもね、〔ロ号棟の中庭で〕よくやらせていたけれども、全部足かせが付いていたから、駆け足できないように。確かに間違いはない。

近藤：マルタの女性は？

鈴木：見たこと

近藤：一部屋何畳ぐらいあるんですか？

鈴木：一部屋、どのくらいあっただろうな。9尺四面の所に1人か2人ぐらいでしょう。

近藤：9尺。４畳半だったという事ですか。

鈴木：そうだね。

▼▲▼

《ビデオの画面＝元 731 動物班員の家を訪ねる近藤》

〔この隊員から部隊関係者の所在をひき出そうとするが、部隊長の兄が動物班長の任務に就いていたせいか口は堅い〕

取材に応じる動物班員

近藤：部隊の事は絶対にコレ（㊙ 口に人さし指）だという事は重々承知しておりますが……

班員：ワッハッハッハ、もう、でもね、もう古い歴史になっちゃったよ。すでに。部隊長の関係者も全部死んじゃっているから、家族もみんな死んじゃっているから。消滅だよ。

《特別班員（十二班員）にインタビュー》

〔ようやく訪ね当てた元隊員は秘中の秘を知る存在〕

マルタの暴動について話す特別班員〔看守〕

班員：我々は国土を守るために……私はそういう気持ちなんだ。

近藤：戦争、コリゴリって、みんな言っているじゃないですか。

班員：コリゴリだから、上の人のこと聞けねいだ。コリゴリで誰も好まない、戦争は……

近藤：やっぱり戦争はイヤという

班員：土壇場に来たら誰も嫌だよ。ベトナムのあの正体見てごらんよ。

解説：近藤昭二

一番最後に出てきた人は、特別班の看守だった方です。ひたすら戦争はコリゴリだと言うばっかりで、あまり当時の事実関係については話してくれませんでしたけれども、当時、「看守の鍵を奪ったマルタが、全部監獄の部屋から飛び出して、暴動を起こしたことがあった時に、立ち会ってた」と言ってました。

看守と言っても、妙な恰好ですが、「白衣を着て、拳銃をたすき掛けにぶら下げている」という普段そういう格好をしていたそうです。その暴動が起きたときには、「クロロピクリンという殺虫剤を研究室から持ってきて皆殺しにした」という話だけは聞かせてくれました。

ここで図面や写真の説明をしておこうと思います。下の写真は上空から撮った731部隊の建物の写真です。

この写真は、よく731について出てくる写真です。北東から南西を見た空撮の写真です。これは勿論、許可を取った航空班の写真担当の人が撮った写真です。カタカナのロの字に見える四角の建物は「ロ号棟」と通称して言います。このロ号棟の真ん中に中廊下みたいのがあって、その両側、手前と奥と、1階低い三角屋根の建物があります。これが7棟、8棟と言っていた監獄です。「特設監獄」と彼らはそういう呼び方をしていました。

北東から南西を見たロ号棟の空撮

その左側に、建物の真ん中あたりに三角屋根が付いた所が、本部で第1棟と言われた所です。

それから遠くに原っぱがあって、かたまって建物が見える所が「東郷村」です。731部隊は最初は「東郷部隊」という呼び方をしていました。石井四郎隊長は、東郷平八郎を尊敬していたために、部屋に東郷平八郎の胸像を置いたり、偽名を東郷一（はじめ）と言ったり、部隊を東郷部隊と呼んだりしていました。この村も通称東郷村と言っていました。官舎です。普通の軍属の官舎です。この部隊で最も多いのは、兵隊よりも将校よりも、軍属でした。一般民間人が軍人でもない立場で働いていました。高等官宿舎というのも、ありました。

次の写真は建設途中の731部隊のロ号棟です。南東から北西を見た写真で、手前にある細長い建物が本部の第1棟です。一番右側の2階に石井四郎隊長の部屋がありました。

右の方に、手前から奥にかけて、線路があります。これは部隊の引込線です。3本煙突があるのは、わかりますでしょうか。引込線の右側に3本煙突が立っている建物の脇にボイラー室がありました。今もなお2本と半分ぐらいの破壊されたお化け煙突みたいのが残っています。

先ほど映像にも出てきた特設監獄内部の図は、鈴木進さんと同期の萩原英夫さんという人が書きました。彼は昭和13年から第1次建設班として、ロ号棟や7棟8棟の建設に携わった方です。戦後になって中国で捕まり、撫順戦犯管理所にいたときに書いたもので、自筆調書の中に載っています。

建設途中のロ号棟

下の図は、今の鈴木進さんと同じ時期に一緒にいた、少年隊の石橋直方と言う方が描いたロ号棟の絵です。

この図面は少年隊の人たちが戦後、房友会という戦友会を作って、毎年懇親会を開いたりしていました。その席上で、何人かが集まって、「せっかくだから、まだ記憶に鮮明に残っているうちに作っておこう」という事で、何

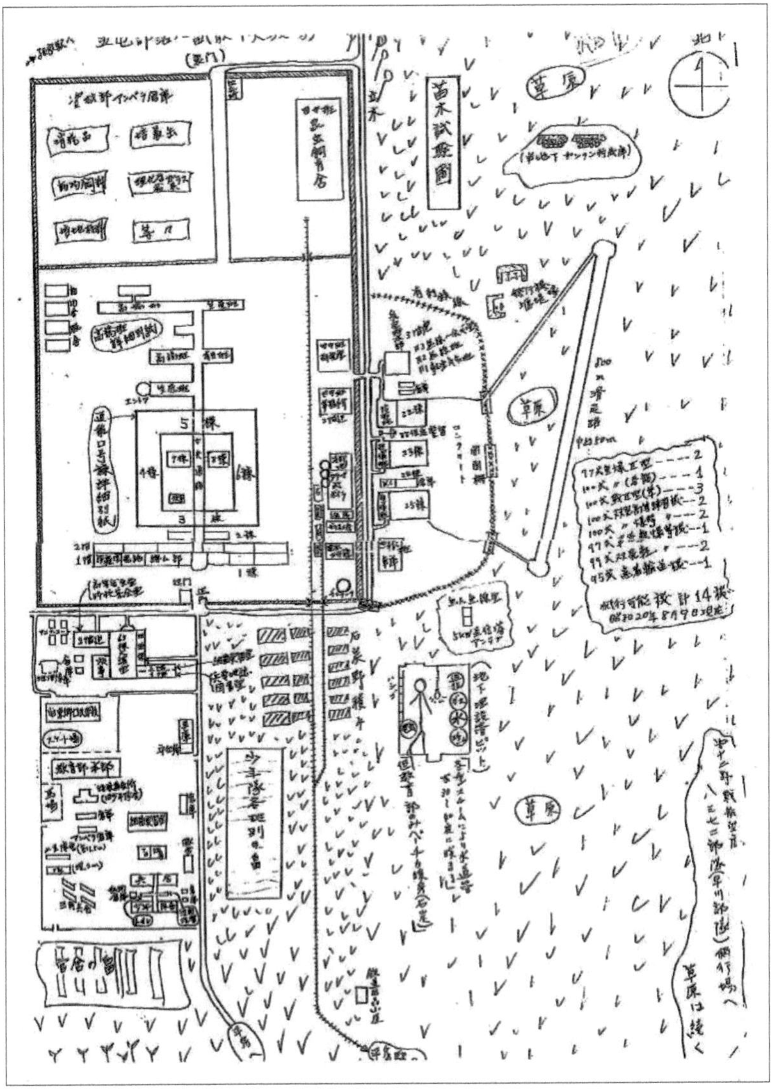

元少年隊が房友会で作成した図面

人かが、自分の記憶している所だけを持ち寄って、確か全部で30人前後だったと思いますけど、その人たちが、ここに何があった、ここに何があったという記憶を持ち寄って作った731部隊の図面です。

みんなで一緒になって作ったんですが、航空班の人たちが多かったらしくて、その人たちの記憶も鮮明です。

この図面を拡大して、少しご紹介したいと思います。

まず、731部隊施設の周りに張りめぐらされている塀の外、図面の中央に22、23、24、25棟と書かれているものがありますが、そこに航空機の格納庫がありました。22棟と23棟の間に、飛行機の形をしたものが係留してあります。これは88式偵察機をここに係留していたという事です。気象班もここにありました。

次の図面拡大図は731部隊のロ号棟です。中央に縦に中央通路という廊下があります。棟の並び順は正門から入ってすぐにあるのが731部隊本部のある第1棟です。そこから少し入ると第2棟

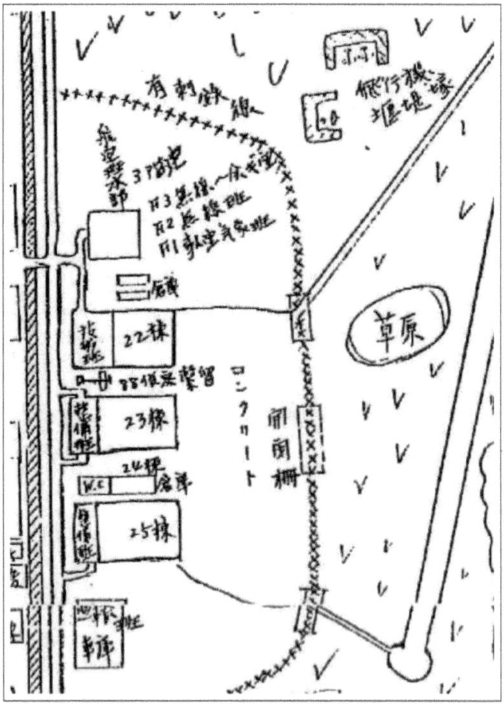

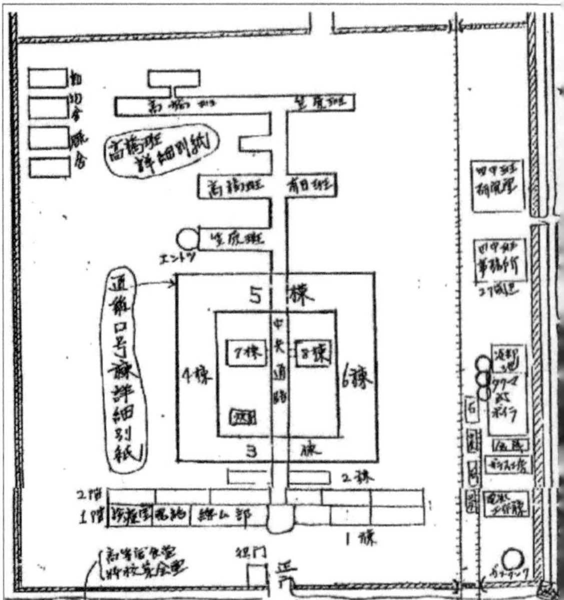

（上）22～25号棟。航空機の格納庫があった
（下）房友会作成の731部隊ロ号棟図面

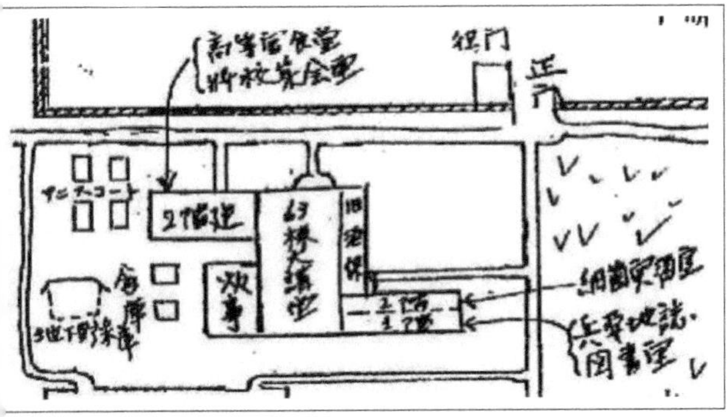

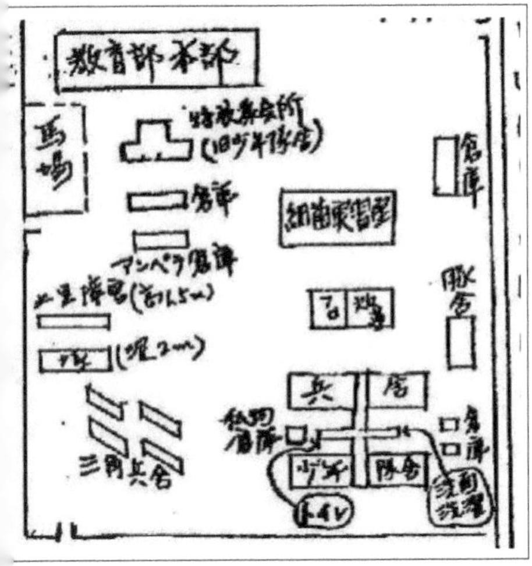

（上）正門の南、63棟大講堂
（下）教育部本部と宿舎

があり、さらに奥に入ると第３棟があります。３棟から時計回りに、４棟、５棟、６棟、そして６棟の少し右側に、引込線と３本煙突があります。ロ号棟に取り囲まれている西側が７棟で、こちらが男性のマルタが入れられていた監獄です。８棟は、東側で、女性が入れられていた監獄で、周りが４階建てぐらいの高さの建物です。

ロ号棟の南、第１棟の正門の南の所に、63棟というのがあります。みんな集合して映画を観るとか講演を聴くとかで、ここに集まっていました。ここに図書室もあったり、酒保という売店もありました。

教育部本部の南側あたりに少年隊の宿舎だとか､兵隊の宿舎がありました。

兵隊の宿舎は、地面に溝を掘って、三角の屋根をつけた宿舎だったので三角宿舎と呼ばれた、陸軍独特の宿舎だったんです。ここの出身者たちは、戦後、やっぱり戦友会を作って、三角兵舎にちなんだ「平房三角会」という名前を付けて、ずっと長らくやっていました。

鈴木さんの話の中で出てきた、最後に終戦時の部隊を壊して焼いて逃げる時に、建設班で一緒に働いた労働者の少年たちを倉庫に連れて行って、「服をやる。」と言って、それを着せて倉庫の中に閉じ込めて、ガソリンをぶっかけて焼いた、可哀想だったという話の倉庫は、ロ号棟よりもっと北の、消耗品だとか培養缶だとか動物飼料だとか理化学ガラス器具だとかの６棟ある資材部アンペラ倉庫のことを指しています。

■ 731部隊部隊員たちの写真

① 鈴木進さんとイトヱさんの記念写真

右上の男女２人の写真は、鈴木進さんとイトヱさんです。その右のトラックに乗っているのは、鈴木さんです。部隊では運転免許を持っている隊員が少なくて、特に大型の免許を持っているのは鈴木さんしかいなかったらしいです。それで、死の部隊といわれた南方軍に派遣だとかにならずに、ずっと７年間731にいることになったのではないかと言っていました。

このトラックをいつも仕事に、使っていたそうです。材木が不足だと言えば、ハルビンの材木屋に品物を取りに行ったり、時計の修理までこのトラックに乗って、ハルビンに修理に行ったと言ってました。

この運転台の後ろに、荷台の所に鉄の四角の箱を載せたような状態の物が、マルタを運ぶトラック。越定男さんという運転手が、使っていたのはマルタ用のトラックだそうです。

右下の４人写っている写真は、隊員の宿舎の前の家庭菜園です。真ん中に立っているのが奥さんのイトヱさんです。

（上）鈴木進さんとイトヱさんの記念写真
（下）鈴木家族、隊員宿舎前の家庭菜園

② 野営演習の様子

右の写真は、野営演習での訓練の様子です。

下（次頁上）の写真は、担架で傷病兵などを運ぶ担架訓練です。看護婦さんでなくても、女性隊員は、時々やったんだそうです。

野営演習での訓練の様子

（左右とも）傷病兵などを運ぶ担架訓練

（上）演芸会での創作劇
（中）総務部庶務係のピクニック
（下）タニシ獲り

③ 普段の様子

左上の写真は演芸会があって、創作劇をやった時のものです。易者がいたり、ピエロがいたり、演芸をやって楽しんだらしいです。

左中は、総務部の庶務の係の人たちがピクニックした時の写真です。これは野営の演習でもなく、本当に遊びに行った時のものです。鉢巻して上半身裸でいるのは吉川巌（きっかわいわお）という中尉で、最後は大尉になります。この吉川中尉がよく面倒を見てくれたとの事です。

左下の写真はタニシ獲りで、鉢巻に上半身裸の男性も吉川中尉です。その奥の三角の笠をかぶっている半袖の人は、中留という総務部長です。中留金蔵といって一時は石井四郎隊長と反目しあった人物です。

総務部の隊員たちには、優しい部長という風に映っていたらしいです。石井四郎の汚職を暴いた一人でもあります。南方軍に派遣されて、南方で戦死するんですが、それも隊員たちはみんな石井隊長の目論見ではないかと話しています。この話も『悪魔の飽食』に出てきます。

次は、731用の神社として隊のそばの空き地に作られた東郷神社の写真です。

建設班には大工がいたのですが、宮大工の人が1人いて、その人が作ったものです。こちらを向いて敬礼して立っているのが、2代目隊長の北野政次で、手前で敬礼しているのは、皆さんに聞くとどうも大田澄（きよし）という部長じゃないかという事です。

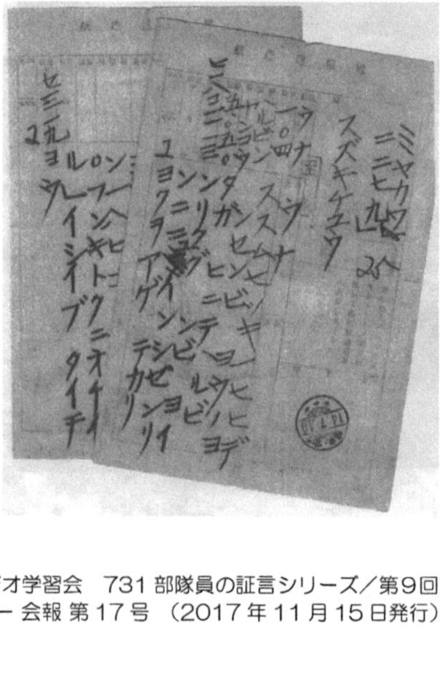

（上）東郷神社
（中）ハルビン陸軍病院入院中の鈴木さん
（下）石井部隊長が送った危篤の電報

次の着物を着ている写真は、鈴木進さんです。部隊の中で隊員が伝染病に感染するのを「業務感染」と言っていましたが、腸チフスに感染して、ハルビンの陸軍病院に入院した時の鈴木さんの写真です。

次の写真は、「ススム7ツキ17ヒデンセンビョウ…」と書いてあります。

入院して、一時危篤に陥った時に、石井部隊長が千葉の鈴木さんの実家へ宛てて打った危篤の電報です。幸い鈴木さんは助かりましたが、弟さんもチフスに罹って、弟さんの方は亡くなってしまいました。

2017年7月8日ビデオ学習会　731部隊員の証言シリーズ／第9回
初出：NPO法人731資料センター 会報 第17号 （2017年11月15日発行）

ナチスドイツと731部隊

――731部隊軍医・北條圓了についてのコメント：近藤昭二

731部隊軍医北條圓了

ナチスドイツの生物戦との関係で、731との関連はなかなか見つからないのですけれども、私が見た限りのものをちょっとご紹介します。

731部隊に、北條圓了という軍医がいるんですが、終戦の年に50歳なんですね。石井四郎とほぼ同年ぐらいです。

石井四郎が、生物戦の研究を始めた頃には、陸軍軍医学校で一緒に動いていますから、防疫研究室を作って、偽「満州」に出かけて行って、向こうに研究施設を作り始めるその最初の段階から、石井の右腕と言ってもいいぐらいの人物です。

南京占領時の北條圓了

最初、防疫研究室を陸軍軍医学校の中に作って、満州事変が起きて、日本軍が中国東北地方を占領して、ハルビンから南東20kmぐらいのところに、背陰河（ベイインホー）という村があるんですけれども、ここの鉄道の守備隊という格好を取って、軍の一部として向こうへ乗り込んでいき、生物戦の研究を始めます。その時も同行して行っています。

最初に石井たちがやるのは、生体の適応限界、航空機で高圧のところに行くとどうなるのか、水だけを飲んでどのくらい生きられるか、蒸留水だけだとどのくらい生きられるか、前線の兵士たちの戦線での活動に軍陣医学として役立つ事から始めました。又、すぐに細菌の感染率とか、死亡率とか調べ、兵器として細菌が役に立つ方法の実験もこの背陰河でやり始めます。

大学医師の動員

軍医の次に、いろんな大学の医学部の中堅学者、助教授どころが、師匠筋に当たる教授から推薦され、引っ張られます。

彼らが喜んで行ったのは、国内ではできそうもない実験が実現できるし、かなり恣意的にテーマを選んで、実験することができました。また、それは大義名分が立つという事もありました。お国のために、自分たちの持っている医学の知識を役立てるんだから、国を挙げて称賛されることだという風に。それから研究成果も上がるし、帰国後の立身出世にも役立ちました。

こういう条件がありますから、喜んで行ったようですが。中には、イヤで帰ってきた先生もいました。

長崎大学の林一郎さんは、こういう実態を見て、やめて帰ってきます。病理学者の秋元寿恵夫さんも、石井に「帰ったって、召集令状で引っ張ってくるぞ」と言われて結局、人体実験の研究で、それに手を染めたという事で、戦後医学の道を捨てることになります。東大を辞めます。

被験者供給システムの構築

ここで石井に協力した北條圓了というのは、各種の協力をします。特に主だったものを上げますと、ここへ被験者を送り込む非常に堅固な形の供給システムを作ります。憲兵隊とか偽「満州」国の警察とか、特務機関、分室と言っていた諜報機関のような警察がありますけれども、匪賊と呼ばれた人々を被験者として捕まえます。

システムはかなりきちっとしていました。関東憲兵隊の司令部の警務部の部長のハンコがついていないと書類は成立しないというような形でした。こういう匪賊を捕まえて、これは特移扱（とくいあつかい）（731 部隊に送ること）にすべきだと思うけれども、どうだという申請書みたいなものがありました。そこには容疑はこれこれですとか、かなりでっち上げもあったりするんですけれども、それで司令部の意向を伺います。

それから書類を 4 通作ることになっていて、特移扱のシステムはきちんと構築されていました。これを最初の時期に北條も協力して、システムを作りました。

民族蔑視の思想教育

それから、人材として、少年・青年を募集します。731 部隊の中には国民学校も青年学校も作られていました。小学生の頃から、細菌戦部隊向きの教育を施されました。国のために医学の知識を役立てる皇国思想がありました。

ここは、ナチスの思想と似ています。民族蔑視がありました。日本民族は単一の島国の民族で、純血民族だという思想。チャンコロだとか、ロスケとかは、数段劣るので、被験者（＝マルタ）として、実験に供しても構わないという教育を少年の頃から、叩き込みます。

部隊の広大な敷地の中に、神社やプールがある中に、小学校、青年学校を作って、ソ連との国境線沿いにネットワークを張って、偽「満州」一帯を細菌戦部隊が要所要所を占めるというような構想でやりました。

被験者は、ロシア人、モンゴル人、中国人、アメリカ人、朝鮮人等がいました。

免疫の問題で、民族差というのが免疫上あるのかが問題になります。それを調べるための実験もやっています。

それは、奉天の日本軍の捕虜収容所でやっています。そこには、連合軍のアメリカ人、イギリス人たちが、捕虜としていました。そこへ731部隊のメンバーが出かけて行って、その免疫差があるのかないのかという事を調べ、その記録などは残っています。そこには免疫差は無いので今まで通りの細菌の培養の仕方でいいというようなことを軍医少佐の柄沢などが書いています。

そういう実験場のきちんとした組織だったシステムを構築して、それに北條圓了は協力していた人物です。

北條圓了ベルリン派遣

731部隊がほぼ10年くらい経って、関東軍防疫給水部、731部隊と言う名前を使って活動し始めた時期に北條はベルリンに派遣されていきます。ベルリン大使館の武官付きという形で、当時の向こうの記録を見ると、階級で見ると第7等の位置を占めています。そこからナチスの細菌戦の研究と突き合わせをしたりするんですね。自分の『細菌戦について』というタイトルの論文がありますが、これをドイツ語に訳してベルリン側のクリーヴェという細菌戦の幹部に提供します。そうすると、クリーヴェが7項目の質問が出ますが、それに対する北條の回答は見つかっていません。

それからフィンランドで、ソ連との紛争が起きた時に、炭疽菌を使ったんではないかという疑いが出た際にも、北條が向こうへ調査に行って、それを報告している記録も残っています。

隠蔽された連合軍捕虜への実験

ここを突っついていくと、731部隊が連合軍の捕虜を調べた奉天捕虜収容所の記録なども本当はあるはずなんです。収容されて実験された人たちが、終戦で帰国したと同時に、アメリカ軍に調査をされました。

注射をされたり、血液を採られたという報告もありますので、その記録を出してくれと退役軍人会の元兵士たちが要求していますが、未だにアメリカはそれだけは出さないのですね。それを出すと、自国の兵士たちが731部隊の被害にあったという事が浮かび上がってきます。

それを承知の上で、戦後 731 とアメリカが闇の取引をしたことにぶつかってきますから、その辺の記録だけは未だに公文書館でも開示していない状態です。

公文書館から出てきているのは、北條の取り調べ調書があります。北條圓了は、終戦の時に大島大使や大使館の連中と南ドイツに逃げるのです。今はオーストリアになっています。そこまで逃げて行って連合軍に捕まります。捕まった北條はアメリカ本土へ送られて、アメリカで取り調べを受けます。当初は黙秘していますが、「もし、外交官扱いをしてくれるんだったら、全てを話しますよ」と言って、取引します。

「外交官扱いにする」という事で、731 部隊はどういうもので、どういう活動をしていたかという事をしゃべっています。その記録は、アメリカの公文書館で開示しています。8 月の終戦直前に外交官扱いをされて日本に戻ってきます。

戦後は、北條は、ナチスの医師たちと同様、医師たちの相互防衛という形で、何も言わなくなります。

その後、731 部隊の関係者達は日本に戻って、アメリカ軍との闇取引が成立して以降、相互防衛して戦争中のことは語らずにいます。

新潟精神病院と新潟大学の桂内科が協力して、ツツガムシ病の実験を何百人という精神病院の施設でやったんですね。その点、ナチスの実験の態勢と手続き的にはよく似ています。それも GHQ の調査の対象にはならず、済んでしまいました。いずれこの場所で機会がありましたら、そちらの方面の集会もやりたいと思っています。

2019 年 4 月 20 日　第 8 回総会記念講演

初出：NPO 法人 731 資料センター 会報 第 31 号（2019 年 11 月 22 日発行）

元731部隊の草創期「東郷部隊」傭人

栗原義雄さんの証言

（1995年5月16日取材）

1935年1月陸軍軍医学校防疫研究室に志願。ハルビン郊外の背蔭河で守備隊に偽装して活動する731の前身「加茂部隊」に入隊し、水だけを与えるのと蒸留水とではいずれが長命か、馬鼻疽菌と脾脱疽菌とでは兵器としてどちらが有効かなどの人体実験を担当する。「マルタ」の脱走事件にも遭遇。

近藤でございます。こんにちは。

のちほど、証言を聞いてからお話をさせていただきます。

このビデオを収録したのは、ちょうど20年前の1995年5月16日で、お住まいの近くでお話を聞かせていただきました。ちょうど終戦50周年の時に、特集番組を作る中の１人として話を聞かせていただきました。

この方は1933年５月、昭和８年の５月に731部隊の前身の背陰河守備隊という名前でありましたが、ここへ入隊された時の経験を話してもらっています。話の中に出てくるベイインホーという名前が背陰河という土地の中国読みです。

それから菅原という名前が出てきますが、731部隊の当時、幹部でいた菅原敏という軍属、嘱託だった人物です。それからマルタはもうご存知かと思いますが人体実験に供される被害者のことです。それからロツというのが出てきますが、中国語で「籠子（かご）」という意味だそうですが、実際は檻（おり）ですね。マルタを収容しておく籠のような檻のことです。

それから中馬（ちゅうま）という名前が出てきますが、土地の人が部隊の駐屯地を「中馬城、中馬城」と呼んでいましたが、部隊に中馬大尉というのがいまして、警備の責任者だった隊員の名前です。それがこの土地の選択をする頃から中国側と折衝していましたので、名前を知られて中馬城と云われていたんだと思います。

それでは、ビデオをさっそく見ていただきます。

————証言ビデオ————

聞き手：西里扶甬子さん（ジャーナリスト）

〔 〕は編者注

〜〜〜〜〜〜〜〜〜〜〜〜〜〜〜〜〜〜〜〜〜〜〜〜〜〜〜〜〜〜〜〜〜〜〜〜〜

戦中の経歴

西里：栗原さんが軍隊へ入られた、一番最初の所から話してください。

栗原：やはり、一番最初は、近歩1ですよ。近衛歩兵第1連隊、あそこで2ヶ月間「おいっちに、おいっちに」と人殺しの稽古やったわけです。それから2ヶ月経ってから若松町の東京第1陸軍病院に移るわけです。あそこに兵舎がありますから、そこで新しい衛生兵としての教育を半年間受けるわけです。

西里：それを希望したんですか。

栗原：希望じゃないです。命令ですよ、天皇陛下の命令ですよ。イヤ、ほんとに。これ、逆らえば、監獄行きだ。嫌だなんて言えない。

西里：それからどうしたのですか。

栗原：その頃、ちょうど満州事変が始まりましてね、そして私が看護夫と病室兼務をやってた頃は戦傷患者、満州の。みんな凍傷ね、あの患者がどんどん送られてきました。なんか臭いんだよ。そして痛がってみんなこういう格好ですよ。痛いもんだから、それで凍傷に罹っているところが紫色にきれいにね、そういうところはみんなたたき切るわけですよ。それで、軍医がみんな手術するわけね。そうすると手が足りないから、栗原上等兵、筆記してくれと頼まれるわけ、しょうがないから、こっちは首にひっかけて、軍医のいう言葉を書くわけ。まずは病室勤務ね。それを1年半やって満期除隊をしたわけです。1月10日にね。その時に陸軍軍医学校防疫研究室から上等兵上がりの人で、希望者がないか、こういう、こういうあれだと、その時あまり詳細は謳っていませんけどね。だけど召集は免除になると。これが魅力でしたよ。我々と同年兵は10人ぐらい入ったんじゃないですか。それで防疫研究室で、3月ぐらいいまして、それで、満州のベイインホーへかわって行ったわけです。

西里：防疫研究室の親分が石井四郎さんだったんですか。

栗原：そうです。その下に軍医がいましてね。だから軍医の人はベイイ

「防疫研究室」が作られた頃の石井四郎

ンホーへ行ったり来たり、石井さんもそうしてた。でもほとんど軍医はベイインホーに付きっ切りですわな。

西里：石井さんはどういう人でしたか。

栗原：変人ですね。変人ですね。

西里：どういうことを教えてもらったんですか。

栗原：我々には石井さんは何も教えませんよ。ただ、軍医集めて「お前はチフスを担当しろ」とか、「お前は○○やれ」とかオウム教の麻原みたいにやって、自分は大局をつかんで、参謀本部と折衝して予算取りますからね。それで、その傍ら、石井式濾水機、これを研究してたわけですよ。

西里：防疫研究室で、細菌戦と直接つながっているような勉強はどういうのをやったのですか。

栗原：だから、ベイインホー時代がそうでしょう。みんな菌のアレ、アレ捕まえてきてロツに入れて試験のアレ、それで我々はメジャーで測って、脈測ったり、そういう症状を毎日観察するわけですよね。

西里：東京の方にも、若松町の方にもマルタのような人はいたんですか。

栗原：いません。若松町の方はただ研究室があるだけです。

西里：ただ、人体標本が満州から送られてくることはありましたか。

栗原：これはね、見た人もあるだろうけれども、見ない人もあると思いますが、私の関係では、私はちょうど最後は北支の方へ行ってから引き揚げて防疫研に帰ってきて、丁種学生会というのができたんですよ。あの中に。防疫研究室の隣に。これは要するに、全国の衛生下士官、軍曹から曹長までの下士官を年１回集めて、丁種学生として教育するわけですよね。

その丁種学生会というのができたのです。そこの庶務の庶務係としてそこの勤務になったんですよ。そこへ行くには、向こうの戸山学校広いですからね、若松町のあの中。こういう坂のぼったりしてね、行くときに木造の建物があるんですよ。両方へできたんですよ。私のいる頃は無かったんですよね。

私が北支から帰ってきたらそれができていたから「ずいぶんバラックみたいなもの建てやがったな、何だろう」と思って、それで「あれ、何の建物だ？」って聞いたら、「いや、古いもの入れたり、標本入れたりしてんだ」「あ、そう」と言って、あの時、私がそこを歩いて丁種学生会行こうと思ったら、戸が開いていたから、ひょっと中に人がいたから、「おい、中見せろよ」と言って入っていったら、標本がありましたね。だから割合に送ってきたんではないですか。

西里：どんなものですか。

栗原：その頃、軍医学校に防疫部というのが、別にあるんですよ。その防疫部にも高橋小隊？のアレとかね、いろんな標本が防疫部にもあったんです。だから、骨が見つかったというのがありましたね。その時の埋めた場所がね、私が丁種学生に行く途中かと思って聞いてみたらそうではない。防疫部の近くから掘り出されていると言う。だから防疫部の方のじゃないですか。

西里：部分的な人体ですか、それとも全身。

栗原：全身じゃないですよ。みんな部分的なものですよ。全身だったら大変だもの。だからあの頃は、部分的にガラス容器に入れてホルマリン漬けにして送ろうと思えば、どんどん送れますからね。

西里：栗原さんが見たものはどんなものですか。

栗原：私が見たのはやはりこれ（胸の部分を指す）から上の三つぐらいしか見なかったね。

西里：胸から上、顔もある。

栗原：うん。もちろん胸から上だから顔もある。

西里：頭蓋骨じゃなくて顔。

栗原：うん。ホルマリン漬けになっているんだから。

西里：胸も全部。

栗原：そうそう、下もこうなっていて。確かあれがあったら、あそこへは大分送ってきたのではないかと思いますがね。それを一番知っているのは、小使室に入江というのがいたんですよ。三軒茶屋に彼いたんでね、私に年賀状しょっちゅう来て、私も眠い時に「入江さん寝かしてくれよ」と言って、小使室で寝たこともあった、仲良かったんでね。辞めてからも年賀状もらってたけど、つい２～３年前亡くなりました。

西里：昭和 15 年頃ですね、それは。

栗原：そう、そう。

731部隊の前身のベイインホー（背陰河）の加茂部隊での人体実験

西里：また話が戻りますけど、防疫研究室から、今度は満州にいらっしゃった。それはいつ頃ですか。

栗原：防研から向こうへ行ったときが昭和10年ですよ。

西里：ベイインホーの731部隊の前身。

栗原：加茂部隊

西里：加茂部隊と言ってましたか。そこでどんな仕事を。

栗原：私の一番最初にやったことは、水だね。水と蒸留水の。その時に私の上の人が大尉ではなくて、菅原という嘱託がいたんです。その人は衛生准尉上がりの方で、菅原嘱託と言ったかな、主任でした。その下でそういうことをやりましてね。

西里：それは一種の人体実験ですよね。どんな実験でしたか。

栗原：要するに、2人のマルタですね。片一方に蒸留水を与える、片一方に水を与える。それで何日間生きるか、というテストですね。

西里：普通の水の方は水道水ですか。

栗原：基本的には井戸水かな、舎内には水道が出ていましたが、井戸掘った水を配管してたんだものな、どっちかというと井戸水かなんかでしょうな。水道じゃないと思うな。

西里：どういう風にやるんですか。詳しく話してください。毎日やるんですか。

栗原：そうです、水しか与えない。彼らは1日にそれでも3回か4回ぐらいしか望まないですな。それで一週間ぐらい経ったら、片一方の蒸留水だけの方は、「タイジン（大人）もう少し味のある水くれ」と言い出しましたよ。だからわかってきたんでしょうね。これは普通の水じゃないなと、だから、やはり井戸水だったらカロリーとか味があるんでしょうね。これは飲んだ人でなければわからないけどね。蒸留水は考えても味が無いと思いますよね。蒸留した水だから。水には変わりないけれど。それで彼が言い出して、弱っちゃったけど、特別だから、しょうもないしね。

西里：どのくらい生きられたのですか。

栗原：私記録も取ってないけど、水飲ませる方は、1ヶ月は生きたと思いました。水の方は。蒸留水の方は20日ぐらいで逝ったかな、何しろ早く逝ったですね。

西里：友達になったそうですね。

栗原：自分では自称医者と言ってましたけどね。見た眼もインテリでしたよ。いい男でした。普通の入ってくる匪賊とはタイプが全然違いましたよ。だから、私大分かわいがったって言えばおかしいけれども、日向ぼっこさせたりね、えらく「タイジン、シェ、シェ」と言って喜んでいました。まだ、目に映りますよ。ああいうもんと親しくなるもんじゃないですな。情が移ってね。

西里：空腹を訴えたりはしないわけですか。あきらめている。

栗原：あきらめている。満州語にメンファーズという言葉がありますね。漢字で書くと「没法師」と書く。メンファーズってしょうがないって言うんですね。それからメンファーズって面白い言葉だと思っていろいろ調べたんですよ。そうしたら、否定があって肯定があるんですよ。もうしょうがない、だけども努力すれば何とかなるだろうと。いい言葉だな、これは。だから満州人が何か来ると「メンファーズ、メンファーズ」ってすぐ言うんですよね。そう簡単にあきらめるかと思うとそうじゃないんですね。彼らはやはり。だからしぶといのですよ。あきらめてて、何とかなれば又行けるだろうと思って。日本にはそういう言葉無いからね。

西里：最後の亡くなる日も水をあげると飲むんですか。

栗原：飲みますよ。これ、しょうも無いもんね。あとは何を言ったってくれないんだしさ。

西里：幾つぐらいの人だったんですかね。

栗原：シャ・コウワは幾つだったかな、私より確か上だったな。私があの頃は23か4だったから、彼が26、もっと上30ぐらいだったかな。年は聞かなかったですね。

西里：名前で呼んでいたんですか。

栗原：そう、2人きりですからね。最初はね、別に名前も何もない、「おい、お前」ですね。

西里：足かせしてたっていうのは本当ですか。

栗原：うん、これは逃げないようにね。鉄のあれで。それが、夜、彼らが寝てて寝違えると落とすんですよ。ね、重なって、何ていうの、鎖の音。神経過敏になります、こっちはね、寝てても。

西里：全員。

栗原：全員そうですよ。もう、送られてきたときにみんなはめていますから。それは憲兵隊がやるんですからね。

西里：どんな時も外してもらえることはないですね。

栗原：ないです、これは。

西里：どういうところに入れられていたんですか。

栗原：みんなロツと言いましてね、２人ぐらい入るぐらいの箱と思えば

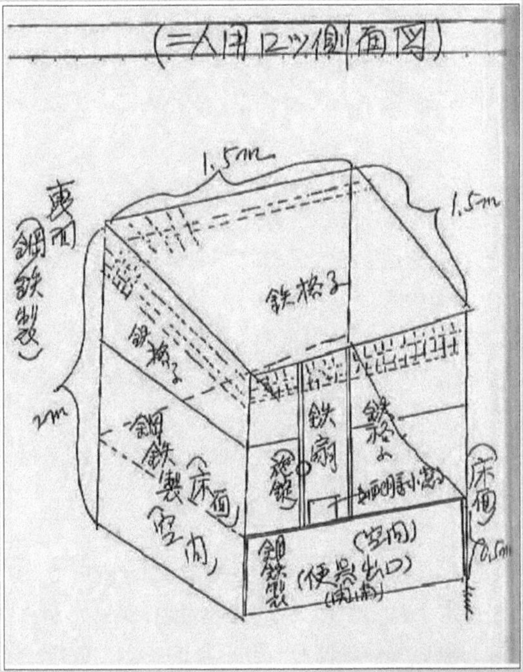

栗原義雄さんが描いた２人用ロツの図

２人用ロツの図を描く栗原義雄さん（１９９７年、西里撮影）

いいでしょうね。そこへ２人ずつ入っているわけです。

西里：それはどんな造りになっているんですか。

栗原：要するに、周りがほとんど鉄板ですな。鉄板のっけて、あと周りは上の方は、半分から上は金網入れて。それで中には、立ってちょうどいいくらいの高さで、その下に何か物入れられるようにね、そして真ん中に口が開いてて、そこから彼らには饅頭（マントー）ですね。毎朝、あったかい饅頭と豚汁をやるわけです。その口が付いているわけです。そこで出し入れして。彼らは１日中２人でロツの中に入っているわけです。用がないから。寝ていようが、何しようが。

西里：便器はどうなんですか。

栗原：中に箱みたいなものがある。２人だったから、どうもこうもないや２人で。

西里：水の実験のあとはどういう仕事をしました。

ディレクター：実験の結果はどう処理しましたか。

栗原：それは、私の方の担当は、菅原嘱託でそれに報告するわけです。

西里：文章にして毎日観察したものを。

栗原：毎日、体温を測定しますからね。私の水のことやったときは、体温と水の量と１日何回やったかというだけの報告ですわな。あと、菌を打ってるわけではないから。

西里：では、20日目に蒸留水の人が亡くなって、あとは１人になっちゃって、その人も亡くなるまで続けた。

栗原：それが、確か１ヶ月くらいですね。

西里：もう干からびていた、干からびはしないのですか。やせ細って。

栗原：やはりやせ細ってきますよね。なんたって、水ばっかりだからね。あれで我々みたいに１日動いていればもっと短命じゃないですか。ただ１日水飲んで寝てるからあれだけもったんでね。体動かしたらもっと短命ですよ。

ディレクター：実験の目的は伝えられるんですか。「実験の目的はこういうことである」という話は上からあるんですか。

栗原：ええ、もちろん。

ディレクター：その時は、水の実験の時はどういう目的であると言われたんですか。

栗原：試験ですよ。

西里：人間がどれだけ耐久力があるか。

栗原：そういうことです。水のあれはね。戦地の場合でも、ね、水ばっか飲んでいかなくちゃいけない場合もあれでしょ。ご飯も炊けない、戦地行くとそういうこともあるんですよ。私も北支のアレに行ったときはそうですよ。1ヶ月も風呂も入らない、着のみ着のままでそれに従って行かなくちゃいけないからね。匪賊をみんな斬るんだから。ええ、そこんとこ車で行くんだから死体がごろごろ転がっているよ。それはひどいもんですよ。戦争になれば。あんたたち、戦争を知らないでしょうけれど。あんな無残なものは無いですよ。

栗原：朝鮮を馬鹿にするな。天皇陛下も同じだとこういう風に彼らは言うんだよ。彼らは。

西里：お前たちも天皇の赤子だと言われたわけですから。

栗原：私たちも天皇陛下だと。ほら、その当時朝鮮を統治しているでしょ。朝鮮ピー、朝鮮人馬鹿にするな。天皇同じよ。こういう言い方するんですよ。それが代表として払えとこう言うんでしょ。全部じゃないがどうか知れんけどね。我々経験者にしてみれば「何言っているんだ。我々はただでやってはいない、金は必ず払った」という観念があるわけですよね。だから、朝鮮人はそういうところがあるんだよ。

西里：でも、本人には渡っていないところがあるんじゃないですか。

栗原：ところが、我々の経験によると、前線に来るのは日本ピーではないのです。向こうではピーっていうんですがね。みんな朝鮮ピーばっかりですよ。筵(むしろ)1枚で来るんだから。えげつないよあの民族は。

西里：でも、連れられて来ているのでしょ。

栗原：だから、その上に親分がいるわけよ。それがみんな連れてきて、弾が来る前線へ毛布1枚持たせて稼ぎに出しているんですよ。それが今度は補償しろなんて言っているんでしょう。何を言っているのかなと我々は思いますね。

西里：人体実験の方に戻りますけれど、慣れたんでしょうね。

栗原：まあ、いいか悪いか知らないけれども、死んだ者はしょうがない。死に冷淡、死に執着が無いというかな。

西里：人の死に直面したのは、一番最初の人体実験の、水のそれはどうでしたか。最初は。

栗原：最初は、2人だよね。

西里：その時は。

馬鼻疽と脾脱疽での人体実験

栗原：その時は、まだ初めてだからさ、そのうち、別の小隊に替わってね、そこで馬鼻疽（ばびそ）と脾脱疽（ひだっそ）というのを、初めて、これでもやはり死ぬから、どんどん下へ裏の焼却場へ運んで焼いちゃうんですがね、「あれ、また死んだか」ぐらいでね、段々死に対する、なんて言うんですかね、だからそれはやっぱり、あきらめが早いって言うか、何て言っていいか、僕はわかんない。

西里：どうやって、馬鼻疽や脾脱疽を感染させるのですか。

栗原：これはいろいろな方法がありますけど、これはなかなか感染しないです。この病気は。感染するとすごいけれども。

西里：一番最初、注射ですか。

栗原：これは、私の担当の方は、あそこでの名前は大島少佐って本名は大田少佐で、みんな偽名を持ってますからね。

西里：大田澄さん。

栗原：そうそう。いい人でしたよ。それで、大島さんの下でやって、少佐が持ってくるもの「これ注射しろ」と言うと「ハイ」っと言って注射するんで、内容の事はわかりません。

西里：注射ですか。

栗原：注射したり、飲ましたり。饅頭の中に入れて食べさせたりね。それで発病が何日で出るかね。そういう記録を取るわけですよ。

西里：発病したらどうなるんですか。

栗原：なかなか、馬鼻疽は発病しにくいですね。だからあまり重要視されなかったみたいですよ。例えば、チフスとかコレラは菌を撒けば、バーッと散るからね、あれは。すぐわかるけれども。馬鼻疽とか脾脱疽というのはなかなか潜伏期間が長いし、なかなかヒューッとペストみたいに出ないからね、だから戦時的にはあまり効果が無かったんじゃないですか。私はそう思いますね。

西里：でも、発病した場合の症状はどういう症状なんですか。

栗原：それがね、私の方で本当に感染したっていう症状の、馬鼻疽のアレは私は見ませんでしたね。病気で死ぬのが多かったよね。

西里：それはどういう病気ですか。

栗原：まあ持病とかいろんなものが出るわけですよね。一日中、あの陽の当たらないところへ入ってんだから、運動もしないでさ。

西里：何人くらいマルタという人たちはいたんですか。

栗原：あれで、100名いたかなあ。全部で100名ぐらいいたんじゃないですかね。

背陰河の加茂部隊での脱走事件と閉鎖

西里：なんか、脱走事件があったそうですね。

栗原：そうそうそう、これは昭和12年か13年でしょうね。あれはね、脱走のあった小隊は確かチフスかなんかだったと思うな。チフスかなんかのアレやっているところですよ。

西里：どういう事件だったんですか。

栗原：夜中に、2人我々みたいな監視人が付きますからね。それで、1人が起きていて、1人が仮眠しているわけです。それで、起きている方はやはり、机に腰かけてね、本読んだりして過ごしているわけ、交代するまで。ロツに入っている連中はみんな寝てますからね。そうすると、中には水をくれと言う奴なんかがいるんですよ。「大人、水くれ」なるたけ言わせないようにしているんですがね。そうすると可哀想だからね、怒鳴って、他にも迷惑だから、しょうがねぇ、水やりに行くんです。その時に、奴ら金網を破っていたんですね。一つのロツ。全部が破られたのではない。一つ破られた。そこから手を出して首かなんかを絞めて、鍵を持っていますからね、その鍵を取り上げて、それで全部のアレを開けちゃったわけですよ。それでみんなが16,7名か、全部外へ出てきて、仮眠しているのを殺して。それは明け方分かったんですがね、私の小隊のすぐ後ろだったから、すく私は飛んで行ったら、大塚というのが、こんななって、つるはしで一撃のもとにやられていましたからね。

彼らはこぞって、裏はすぐ野原だから、それで外に2mぐらいの土塀がずっと回ってあって、その上に電線がはってある。それまでちゃんと奴ら、見ているわけですよ。中からね。だから外にあったはしごを2か所だったかな、架けてそれを渡って逃げてるわけです、

西里：足かせのまんま。

栗原：足かせは、勿論、取れないですから。それで彼らは足かせを紐かなんかで結わいて、こっちくっつけておけば、音しませんからな。

それで我々が気が付いたのは明け方の５時ごろかそこらですからね、彼らが逃げたのは２時かそこらでしょう。だから３時間か４時間の余裕があって、それですぐに非常呼集かけてみんなで捜しに出たけど、１人も捕まんなかったよね。

西里：それはたいへん大騒ぎじゃないですか。

栗原：それは、大騒ぎですよ。

西里：部落を捜しに行ったんですか。

栗原：周りは全部、守備隊が我々の所にいますからね、守備隊の衛兵も立っているわけですよ。それも気が付かなかったらしいねぇ。よっぽどうまく逃げたんだねぇ、あいつら。

西里：それで、村の探索をずっとやったんですか。

栗原：そうです。

西里：近所にどのくらい部落があるんですか。

栗原：近所に家数で20軒ぐらいの部落ですね。それで、あとで山邊さんの話を聞くと、その時にいた人がまだ生存してて、「確か逃げて来たって」言ってたって。そこで、ここの鎖を１人か２人切ってやったという事でしたね。その老人がいるとか言ってね。だから、我々行った所も、どっかに隠れていたんではないですか。同じ満人同士だもの、居るとは言いませんよ。甕（かめ）なんかに入られたらわかんないもの。向こうはみんな土間に大きな甕持っていますからね。みんな何でも貯蔵しているから。

西里：誰かに匿まわれているだろうと、厳しい詮議はしなかったのですか。

栗原：ある程度甕だって、開けて見ますけどね、それほど、我々の気持ちとしても、もう捕まらんだろうという、あれだよね。

西里：どっかに生きて逃がしてやりたい気持ちもあったのですか。

栗原：まあ、そうね、まあ、と言うとこだね。

西里：満州の人は中馬城と呼ぶ人がいるんですけどね。

栗原：あそこをね、それも山邊さんが言ってたけれども、なんか前にあそこを見に来ていた人の名前かなんかで、石井部隊の通訳をやってた人じゃないかと思いますよ。それで恐らく軍の命令で、そこに匪賊の建物があるからそこを見に行ったらどうかということで、その人が、石井部隊から派遣されて見に行ったらしいですね。ベイインホー（背陰河）へ。

ずっと、高さ3m～5mの土塀が周っていたもんね。その中へ出来たんですから。掘っ立て小屋で。だから、そういう土塀は前からあったの。

西里：ああ、それは匪賊の。

栗原：恐らく、跡なんでしょうね。そんなのがあるから、そこを本拠にしたらどうかと言うことを聞いて、それで、石井部隊で通訳の人を派遣して、その人が、今言った中馬という、大尉らしいですね。私知らないもん、あと、そんな大尉いなかったもの。

西里：その時は、爆破とか爆薬は無かったんですね。脱走事件の時には。

栗原：ありません、何も、戦闘的なものはありません。あれが逃げるところがあればあったかもしれないけど、すっかり逃げてあとかたが無いんだから。あったのは死骸だけで。

西里：それは、日本の見張りの人の死骸ですよね。

栗原：そうだよ。

西里：何人殺されたんですか。

栗原：2人。

ディレクター：当然内部で、後処理をめぐって反省があったと思うんですが、その後の結果とか後日談をお聞きになっていますか。

栗原：その後処理と言ってもね、ただ、別に脱走なんていうことは考えていなかったから。だから全部再点検してくれと。という通達はありましたよ。金網は破られていないか、そのくらいのもんですよ。

西里：彼らはチフスに感染していたのですか。

栗原：それがね、私なんかは担当じゃないからわからない。死んだ2人じゃないとね。そこの軍医は、山本って言ったかな、名前忘れたな。その担当の軍医は分かっていたんでしょうけどね。

ディレクター：その後は警備などは厳しくなるんでしょうかね。

栗原：なりません。ただ、自分の担当のロッを再点検をするということです。

西里：ベイインホー（背陰河）の最後までいらしたんですか。

栗原：731が新しくできるというので、このベイインホーは閉鎖すると。で、第1の引き揚げがあったんです。それで帰って来たんですよ、軍医学校へ。その時に全部で50～60人帰ってきた。

だから、その時に防疫研究室から行った人間もいるし、満州の各地区から入ってきた守備隊の衛生兵も、その人たちは初めて東京へ来たわけですな。軍医学校へ。その頃我々の会合も随分あったんですよ。

新宿辺りの飯店でね。初めは集まってたけど、段々段々みんな死んじゃって集まんないじゃないの。そこへ行くと731の方は人員が多いから、集まりも多いじゃないんですか。

西里：若い人もいますし、

栗原：うちは、私みたいなロートルばっかりだ。集めて声かける人もみんな死んじゃったし、だから今会合無いです。

軍医の特権

ディレクター：さっきお名前が二つあるとおっしゃっていましたね。そのお話を聞きたいのですが。

栗原：それは、軍医だけが、みんな二つ名前を持っているんですよ。これはどういう意味か、諜報関係とかなんかあったんじゃないですか。確か石井さんは東郷と言ったな。それと後で私の担任になった大田少佐は、大島少佐と言うし、だからこんがらがるんです。二つ名前を持っているから。二重人格者ばっかりだから。

西里：内藤さんは、背陰河には来てました。

栗原：あの人は、背陰河は、あまり来ていません。私の知ってる限りでは。あの人は培地、要するに今アセトンとか培地を作りますね。その大量生産の培地の方法を考えた人です。普通はシャーレと言う皿に寒天流し込んでこうやって、少量しか取れない。それをこんな大きな容器に寒天を流し込んで、そこで繁殖させるから取れる菌も多いわけです。それを内藤さんが考えましてね、私も助手で一時応援したことはありますよ。内藤さんはあと731に行って、引き揚げてきてから、新潟にいたらしいね。その時私の同年兵でワカツキなんか内藤さんについてそっちに行ってますよ。彼も死んじゃったけれどもね。内藤さんも軍医学校を辞めてから、自分であい う、ミドリ十字をやりましたね。内藤さんも変わった人だもんね。

西里：どんな風に変わってました。

栗原：やっぱり、石井さんと似てる。石井さんはかわいがっていましたよ。あの時、確か大尉でしたな。内藤大尉。頭よかったな。大学どこだっただろう。みんな依託学生が多いんですよ。軍医が。それでみんな細菌を専攻した人が来てましてね、だから私が辞める時に丁種学生を請け負った時に、丁種学生と言うのは周りが戸山学校で閑静な所なんです。勉強するにはもってこいで、だから軍医の人が、昼から午後にかけて、みんな勉強しに来てましたよ。来るとお茶入れないといけないから面倒臭かったよ。彼らはみんな博士号を取りたいから夢中だよな。

西里：軍とくっつけば何でも出来たんで、その時代。そういう軍医の、研究の為なら何でもするというそういう体質ですよね。

栗原：その後の731のいろいろな報告を見ると、今考えれば、ベイインホーにいた軍医さんたちも、今のオウム真理教と同じだよ。自分の研究の成果を、学会で発表したケースが多いらしいね。これは人体実験だからね。他じゃ出来ませんから。だから、軍と言う一つの傘を持って、煎じ詰めていけば個人の研究だったと、そういう結果じゃないですか。

西里：戦争が終わっても、平気で、戦争中の人体実験の結果の医学論文を発表するというのはどういう神経なのでしょうか。

栗原：その点はわかりませんね。まあ、医学界と言うのは、自分の研究の結果を発表するということは、やっぱり博士号じゃないんですかねぇ。どうなんだかわからないけどねぇ。やはり、地位、名誉であれでしょうねぇ。今のオウム教がそうですよ。トップはみんな。サリンなんて考えて、「出来た、これ試験してみよう。」となるんですよ。トップは。ね、トップ直々にやらないで、我々みたいなペイペイ使うわけだ。ね！それで試験させる結果じゃないですか。私はそう思いますよ。

西里：戦後の戦犯裁判の中で、絶対にトップたちが戦犯にかかるとは思っていませんでしたか。

栗原：そうですね、私など個人の考えでは、バックが軍であると、軍の命令であると、いうこととね、要するに国家的なアレという、考えでね。戦犯にかかるかも知れないという考えもありましたよ。煎じ詰められてね。その覚悟は持ってましたよ。しょうがないでしょう。

西里：御自分はほとんど命令でしょうけれど、一生懸命、積極的にやった人たちは、結局かからなかったですよね。

栗原：これはね、後で分かったんですが、石井さんが、アメリカと取引してね、なんかうまいアレをやって、アメリカが取り上げなかったと、これは国際問題ですからね。戦争ってそんなもんですわな。戦敗国と戦勝国にはこんな差が出るんですよ。私の知っている大島少佐なんか奥さんが熱海に疎開していまして、私が引き揚げる時に大島さんから「これを家内に持ってってくれ」と言われて、指輪だったかな、預かって、熱海の別荘の奥さんの所に届けて、一晩泊まって来た覚えがありますがね。みんなそういうわけで、奥さんたちを熱海に疎開させたり、軍医は､所帯持ちの人は。みんなそういうことをやってたみたいですね。

西里：自殺されましたよね。

栗原：あの方のことをよく聞いたら、麻酔薬を大分持って来たんだと。それが、なんかばれて、自殺したって言ってましたね。いい人なんですよ。悪気のある人じゃないけれども、やはり、人間ですわなぁ。

西里：お金にしようと思ったんですか。

栗原：そうだろうと思いますね。引き揚げてから私はお会いしていませんがね。

昭和 17 年に防疫研究室を辞め民間人、再徴兵

西里：栗原さんは、もう戦争終わらないうちから、軍隊は嫌で抜けたそうですね。

栗原：そうなんです。軍隊が嫌ということではなくて、私は人間が狡(こす)いと言いますか、ずるいと申しますか、時局の波に乗る方なんですね。まして、アメリカに負けたと。日本の軍部にくっついていたらこれはえらい目に遭うぞ、と言うわけでこれは逃げだすに然ると。それで逃げ出したわけです。もう召集も来ないだろうと。だから、日米開戦になったとき、20 年に手を挙げない前に、絶対にアメリカには勝てないと、見越したわけですよ。個人的にね。だから早いところ軍から逃げた方がいいと。社会へ飛び込んだ方がいいと。それで、昭和 17 年なんかに辞めている。

西里：その時は防疫研究室に勤務されていたのですね。

栗原：そうです。丁種学生へね。案の定、最後の 20 年に召集が来ましたよ。一番最後の召集だ。

西里：再招集。

栗原：初めての召集ですよ。その間私は防疫研究室にいたから召集免除になってたわけだ。そのために私は防疫研究室に入ったのですから。私の防疫研究室に入った目的は、召集が免除になる、それから、知らないハルビンとか、ああいう外地が見れる、官費で、非常にのんきな考えですよね。自分でそれをやってきたからいいと思うよ。

西里：でも、20 年だったら、危ないじゃないですか。

栗原：だから、その時に、しまったなと思った。それで、私の同年兵で中村ショウゴと言うのが参謀本部にいたんですよ。それに電話入れて聞いたら、お前、防研辞めたから、通知が来るんだ。だから、再招集一番最後にしたんだと。その時は、これは南方行ったらダメだな。それは家内にも、その時は話しましたよ。

今までこうやってうまくそれてきたけれども。最後召集来たから、もう、お前もあきらめなよ、その時もう子ども２人いましたからね。あきらめろよ、これから先の事は私にも分からんと。そうしたらいい具合に敗戦になったんですよね。アレ、行ったら途中で、船、ガチャンで、即死じゃないですか。やっぱしね。

西里：終戦の、天皇のラジオ放送は聞かれたんですか。

栗原：召集されたところで聞きました。その時、家内は、みんな長野へ疎開させていたから。

西里：栗原さんはどう思われましたか。玉音放送を聞かれて。

栗原：私は予期をしていましたからね。良かったなと、内心はね。手を挙げるんなら早い方がいいと。そう思いましたよ。

西里：他の人は。

栗原：最後の召集だから民間人ばっかりだわな。カスばっかり集まってた。烏合の衆みたいなもんだ。だから私なんか上等兵の肩章をつけて威張っていたよ。

西里：みんなショックとか、泣き出したりはしなかったですか。

栗原：みんなやっぱり、あきらめていたんじゃないですか。別にどうのこうのということも無かったですね。我々は泥棒みたいなもんだ。それで一通りのものをもらって帰ってきちゃったんだからね、部隊から。靴から服までみんなもらって。

何しろあんたたちのお父さんに聞けば、分かりますが、我々の年配の時は、もう、なんて言いますかねぇ、先の見通しのつかない、どうなるんだかまるで分らない。召集で引っ張られったらダメだなと、だからみんな、非国民的だけれども、口には出さないけれども、腹の中でみんなそう思っていたんじゃないですか。そうですよ、こんな紙1枚で引っ張られちゃうんですから。ね、何時何分までにどこそこへ入れって、それで持っていかれちゃうんだから。それで、あんた戦死だなんて言って、骨も何も来やしないや。あんな戦争なんて悲惨なものは無いよね。

背陰河後、北支の防疫給水隊勤務

西里：栗原さんは北支の防疫給水隊勤務の時はやはり戦場で勤務された訳ですよね。

栗原：勿論、そうですよ。

西里：3年ぐらい。

栗原：アレ、3年までいかないでしょ。約2年ぐらいかな。それで、あなたたち知っているかどうか知らんけれども、あの頃、京漢線のね、大きなところでは石家庄、保定、正定、そういう所が陥落したときには、みんな提灯行列、国内でやってましたよ。その頃私たちは、戦線に出てた頃です。京漢線を。で先に、黄河の手前に新郷という所があるんですよ。

そこへ駐屯しましてね、そっから交代で引き揚げてきたんです。だから考えてみると、その間に、北京も見たし、天津も見た、青島も移動して見てきたし、ん、今考えればね。そういうところ見てきた、だけしか残らないなぁ。

西里：でも、戦争で破壊されてたんじゃないですか。

栗原：そうですよ、我々が行く所は、あんた、ここは焼かれているし、死体はゴロゴロしているし、うん、それで、着の身着のままで行くんですから、シラミは沸くし、そんなもんですよ。

西里：大きな濾水機を持って歩かれたそうですね。

栗原：そうです。それで水を供給するわけですね。それが、石井さんが考えた石井式濾水機という自動車のアレについてましてね。石井さんはそれが主だったんですよ。そこへ細菌を濾過したりね、いろんな細菌の問題が出てきて、それで、石井さんはああいう人だから、これは将来細菌戦を考えなくちゃいけない、それで、自分でそういうことを考えて参謀本部に折衝して、細菌戦のいろいろな施設を作らなくちゃいかんと、それで参謀本部でそれを国家として認めて、予算も出た。予算出なけりゃ、何も出来ませんからなぁ。それで後でわかったけれども、石井さん、オウム教の麻原と同じだよ。浪費したらしいね。

西里：どんな浪費ですか。

栗原：女遊びしたりさ、やっぱり人間ですわなぁ。それで石井さんの家は若松町の第1逓信病院のそばにあるんだよ。大きな家、奥さんもいるし。帰らないんだから。防疫研究室に泊まってて。ん、お風呂なんか入らなくても平気なんだから、あの人。変わった人だよ、ほんとに。

731部隊長・石井四郎について

西里：学者馬鹿みたいに。

栗原：よく言えば学者肌ね。汚い髭はやして、ここいらほんとに、だから、人が会ったら何だろうと思いますよ。夜中の3時に目覚めたら、自分で起きていろいろなことやるんだから。それで、昼間寝てたりね、夜・昼の区別が無いんだから。だから、そばにいた軍医さんも大変だったんでしょ。お守りするの、内藤さんなんか大変だったよ。すぐ呼びつけられて。

西里：大きい人だったらしいですね。

栗原：うん、大きな人です。体の立派なねぇ。

西里：声も大きいのでしょ。

栗原：大きいですよ。

ディレクター：石井さんは部下に対してどのような接し方をしたんですか。

栗原：あの方はそういう変人だから、部下には「これやれ！」と押し付けて、それが報告が来なかったら大変ですよ、怒って。「何してんだ！」ぐらいで、そういう人ですよ。

ディレクター：細菌戦というのは当時、防疫研究室の中にいて、ご自身の中では細菌戦と言うのは目新しい言葉でした。それとも石井四郎から聞いて何じゃ、それはというかその時の話を聞かせてください。

栗原：私なんかにすれば、そういう考え方もあるんだなと、いうことですよ。細菌戦って何するんだろうなってね。だけど、他の例えば軍医でも、細菌学をやらない人は全然そんな認識は無かったんじゃないですか。普通の軍医でも。おいっちに、おいっちに、やってるもんね。ああいう人たちはね。

そういうとこに、細菌戦ということを、石井さんはどこで学んだか、外国の文献かなんか読んで、ピンと来たんじゃないかと思いますがね、ヒントを、これは日本も早急に作らなくちゃいかんと。大分、参謀本部からも反対があったみたいだけれども。それに対しての細菌戦の資料を石井さんは、あっちこっちの文献を探しては、報告書類を作るわけです。私が庶務に配属になったのも、そう言っちゃ悪いけれども、私は割合達筆なんですから、それから毎日ガリ版書きですよ。その報告の。それを作っては参謀本部へ報告するわけですよね。だから石井さんが夜中にパッとかかるとそれを文章にして、それを書いて、私の他にも随分そういう人がいたけれどもね。

その一番下で働いた人が佐藤軍医少佐っていう人がいるんですよ。防疫研究室に。最後に佐藤少将でもって引き揚げてきて、満州の731から引き揚げてきたのんですよね。それで、我々防研の連中は、新宿の料理屋で、歓迎会開いた記憶ありますよ。佐藤さんの。

西里：その人の下の方の名前は何と言いますか。フルネームは。

栗原：佐藤さんが731で、何って言ったか分からない俺。何しろ、原名は佐藤。いい人でした。私、一番かわいがってもらった人でね。この方は召集員だったです。それで、軍医学校辞められてから、ライ病の島があるんですよ、日本の。あそこの医者になって、あそこで亡くなられる。(四国の方の) あそこにあんでしょ。あそこの医者になったというお手紙を頂いた。それっきり音信無くなった。後でわかったんですがあそこで亡くなっていますね。(そういう方面の医者になって、島に渡って)、そうそうそう。あそこの医者でもっていったらしいね。体の弱い方でね。

ディレクター：そういう人が石井さんの下で。

栗原：そうそうそうそう、731で何の役やってたのか知りませんけどね。私が防疫研究室にいたときは、庶務主任で居られた。その下に、准尉上がりで、民間人になった嘱託の人が2, 3人いましてね、石田だとか、そういう人たちが事務を主に向こうに派遣する人員を集めたり、そういうことをやっておられた。

ディレクター：ということは一回帰って来られてずうっと防疫研究室に辞められるまでお勤めになってて、石井さんとはしょっちゅうお会いになっているんですね。

栗原：帰ってからは、丁種学生という事務所に入ったから、もうその時には全然防疫研究室の庶務にいないから、全然接触は無いです。

50年前を振り返って

西里：今50年以上たって、振り返ってどんな感慨を持たれますか。

栗原：これは、非常に難しいご質問だしね、まあ、その人個人個人によって、違うでしょうしね、ただ、私なんかにすれば、人間は生きていくにはみんな過去がある。その過去の良し悪しこれは境遇によっても違いもあるし、自分としての世間、世の中の世情の時には、自分としては最善の道を取ったんじゃないかと。

甚だ召集免除だというものにアレしたと聞いて、非国民に聞こえるけれども、他の人は口には出さないけれども、腹の中では、各人はみんなそういう考えを持っておられたんじゃないかと、ね。

たまたま私がそういう波に乗ったと申しますかね、そういう形で防疫研究室に入ってベイインホーに行ってそういうことをやって、帰ってきて、民間の方へ入ってそして自分の人生を変えてきたということじゃないですか。

今、こうやって老人ホームで考えると2度とそういうことは、やりたくもないし、またやるべきでもないと思いますね。相手は匪賊で犯罪者かもしれないけれども、はっきりと罪悪の匪賊だってわからない。私の担当した医者みたいのなんていう人も入っているんですから。だから、それを考えると人間の人生っていうのは紙一重っていうことですわな。

西里：天下泰平の日本の世の中にですね、そのオウム教団のボツリヌス菌だとかガス戦だとか、突然昔の亡霊のような言葉がどんどん出てきましたけど、どうですか、それは。

栗原：だから、結局、要はどの宗教も、みんな金なんですよ。煎じ詰めれば。幸福の科学しかりね、創価学会しかり、創価学会だって一時非難されたことがあるでしょ。こんな悪いことはしないけれども、エゲツ無いことやって。だからマルクスは立派ですよ。「宗教はアヘンである」と。私はそう思いますよ。

西里：でもペプトンが出てきたと聞いたとき、

栗原：うん、アレね、医者がいるわね、あれはきっと細菌の方を研究してたんではないですか。だからペプトンと言うのは培養基ですからね、あそこに寒天とかいろいろなものを混ぜてペーハー7.6の中性でもって、あと血液寒天作ったりやるんですからね、培地って言うんで、それを作って要するにどんな菌やるんだか発表ありませんでしたからね。何の菌を、そこまでね、何を麻原の馬鹿が考えてね、細菌を作って、ばら撒くつもりでいたんだろうかね。

考えられないですよね、我々そういうものに携わった。常石さんだってそう思うんじゃないですか、恐らく。だけども、アレ早いとこ捕まったからいいけれども、まだ培養がアレまでいってないようですね。アレを買った材料があっただけで。

西里：化学戦の方を先に研究しちゃったんですね。ガスの事をね。

栗原：そうねぇ、向こうへいったんでしょうね。だからある程度、成功したんじゃないですか。私の想像では。成功してますよ。どのくらいの量をつかんでいるかね。ああいう人間は成功するとそれを試したくなるんですよ。これは悪い癖で万人すべてそうだ。どんな効果があるか、ね。それが例のあそこの松本サリン、あれがそうですよ。ね、アレ試して、あれだけの死者が出た。もっと試そうと地下鉄に入ったんじゃないですか。これは人間の通る道だわな。

西里：50年前も同じようなことやってたわけですね。

栗原：そうそうそう、そう。これはただ目的が違うからね。片一方の50年前のは、国家の為、国の為という大義名分があったわけですよね。それはどこの国もそうでしょう。ソビエトでも研究してたし、アメリカでも、だからアメリカとしては石井さんの文献のアレを欲しくて、免除したわけですよ。交換にね。そうでしょ。

なぜ交換したかと言うとアメリカはデータがほしいからですよ。だから、石井さんのデータによって、アメリカでも今、細菌のやつは相当研究しているんではないですか。と思いますよ。恐ろしい世の中じゃ。もう、私なんか短命だからいいけれども、おたくたちはこれからあんた、何年生きるかわからない。

ディレクター：細菌がパッとこぼれて、そこから拡がって、人類滅亡だっていう可能性としては。

栗原：ありますよ。これがいいアレになって、地下鉄のアレがね。こんな恐ろしいことがさ。

西里：遺伝子組み換えとか、ばい菌がどんどん恐ろしいばい菌に変わってますからね。人工的に。エイズとか新しいものができてますよね。

栗原：そうですよ、出てきてますね。怖いよ全く。これからどんなことがあるか、イヤ、ほんとに恐ろしい世の中だよ、私に言わせれば。私はあと、もう1年か2年で目をつぶるけどさ。

ディレクター：マルクスはそういう意味では、偉大だったんですね。

栗原：偉大だよ、あんた。看破してたんだ。「宗教はアヘンに等しい」と。

西里：ありがとうございました。

解説：西里扶甬子

栗原さんインタビューの経緯

戦後50周年に、日本テレビの番組がありまして、私自身その番組に係っていたんですけど、栗原さんのインタビューを担当したということをもうすっかり忘れておりまして、その後に自分で1人で行っているんですね。

その時の証言は、前に新聞に出たときに孫が幼稚園でいじめられたことがあったので、名前と顔を出さないでくれとご本人の希望で、そういう形で使ったんですけれども、その後、私自身が相模原の旅館で撮影したこと全部思い出しました。

20年前のことですが、私の中にきちんと残っているのは自分が行ったときの、彼の行った老人ホームの所にお訪ねして、そこで取材したときの話を、この本に収録しているんですけれども、一部は日テレの取材の時の話が私の方に残っていたと思うのですけれども、その時の話と微妙にずれているところ、このとき話しているけれど、私の時話してくれなかったことと、このとき話してくれなかったけれども、私が1人で行ったとき話してくれたことの両方あるんですね。

栗原さんの一番印象深いこと

この栗原さんという人の一番印象深いのは、一つはあの時代を生きたにもかかわらず、非常に冷めた人だっていうことです。戦後になってから、急に目が覚めたということではなくて、当時からかなり精神は覚醒していた人だと思うんですね。そういう人はかなりいたんじゃないかと思うんですけれども、言葉に出したり、行動に起こすと迫害されたという実態があって、やはり声を挙げられなかった。内心で思ってた。

ほんとに内々の処で、盗聴も誰もしていないと分かっているところでは、結構言いたいことを言っていたと思うんですけれども、そのまんま来たということで、非常に貴重な方だと思いましたね。従軍慰安婦の処だけちょっと、ん？っていう感じはありましたけれども、あの当時の男性としては、止むを得ないという言い方はおかしいのですが。

それで、例えば私が気が付いたのは、人殺しの訓練って言ってましたよね。新兵の時の訓練を、一言で人殺しの訓練って、さらっと言ってしまう、江戸弁で歯切れのいい、躊躇のない、思ったことをズバズバという、90歳超えていて、ある意味達観していたとも言えますね。

それからもう一つは、石井四郎という人を非常によく知っている、身近にしている、そういう訓練。ここでは変人ですね、変人っていう言葉しか使わなかったんで、アレ私がなんかちょっと過大解釈、私が間違ったのかなと思ったんですね。自分で行ってた時のことと混同していたので。

そうしたら、私の時は狂人ですって言ったんです。あの人は狂人です。変人と言う言葉じゃなくて。「どんな人でしたか」って言ったら、「狂人です」と言ったんですね。だからこの本には狂人ですって書いてあります。

戸山の軍医学校で、夜中でも呼びつけられるということで、一つ話してくれたのは、研究室にもベッドを持ち込んでいて、好きな時に起きて、好きな時に寝る生活で、ベッドの下に、オマルのようなものを持ち込んで、トイレに行く時間も惜しいという感じで、髭も剃らず、髭ぼうぼうで、1週間ぐらいお風呂に入らなくても平気で、さっきも汚い髭でって言ってましたよね。

そういう人だったということを、生き生きと思い浮かぶような感じで話してくれる。日常的にかなり長い時間接していたからなんでしょうね。一つのエピソードは、夜中に腹がすいたから寿司を食いたいと言い出して、結構遠いところに知り合いのお寿司屋さんがいたから、ギリギリで間に合って電話をかけて、車でお寿司を取りに行ったというそんな話もしてくれました。

それと、この頃オウム事件が非常に騒がれていた頃で、やはり細菌とか毒ガスとかを使ったということで、彼自身、かなり関心を持って、追っていたということが分かりますよね。そして、明らかに、自分たちと比べていたということが分かると思います。

そして、やっぱりもう少し生きていてほしかったと思います。今の状況について、彼だったらもっともっと危機感を持って、戦争体験者として、語ってくれたんじゃないかなと思いますね。

戦争になれば、悲惨なものだということを言っていましたけれど、50年もたって、死体がゴロゴロしていたとか、解剖されていたとか、そういう光景を客観的に語れるように人間はなるんだなと、トラウマとかそういうことにならずに、なるんだなと、逆にちょっと、恐ろしいなという気もしますね。

時間がたてば何事も無かったことのように、自分はただの傍観者であったかのように語れる、そういう風になるのかなということなんですね。

深い罪の意識があれば、湯浅先生は何回も話をしていると思うのですけれど、結構動揺しているのが分かるんですよね。最初の人体解剖、若い軍医の練習のための人体解剖、何でもない人を連れてきて、お腹に弾を撃ち込んで、その弾の取り出しの実験とついでにいろいろ解剖していろいろな練習をして、最後は焼却炉に投げてしまう、捨ててしまう、そういうプロセスを話すとき動揺されるのが分かるんです。

けれど栗原さんの場合は、本当に常に客観的だったのか、物理的に人を殺したことが無かったせいでしょうか、ちょっとつぶさに見てみないとわからないのですけれども、非常に客観的に何だったのかを語れるというのが、私には非常に印象的でしたね。

ベイインホーという場所は、731部隊発祥の地ということで、平房に移ってからは、みんな番号を付けられて、名前を失ったということですが、ベイインホーの時は、名札を付けていたと言ってるんですね、だから、シャ・コウワという方、彼が最初に蒸留水だけ飲ませた方について、名前もしっかり覚えているということなんですよね。どんどん非人間的になっていって、官僚的というか、大量生産的なそういう方になって行った。規模が大きくなるとそういうことがわかると思いますね。

それと、脱走事件についても、結構殺された大塚さんとも仲が良かったらしいですけれども、惨殺されたにもかかわらず、せっかく逃げたんだから逃がしてやろうかみたいな、そういう雰囲気も伝わってきますよね。

731からヒロシマ・ナガサキ、フクシマへと繋がる日本の科学者

だから、非人間的な環境の中でも、やはりそういう感情を持ち合わせていた方、そしてそういう人がいたっていうことは、ちょっと感動なんですけれども、ナチスドイツにしても、日本帝国にしても、そういう方が一部いたにもかかわらず、戦争犯罪大国のようになったという事実、その事実は本当に怖いこと、一部良心を持っていても、それから抵抗しても、大きな力には、抵抗できない。

そして現象的にはもうとんでもない考えられないことが起きている、起きてしまった。それは特にフクシマの原発事故以来思うことなんですけれども、脈々と今につながっているという、一度も切れてないという、そういうことを本当に実感します。731部隊の所業と、ヒロシマ・ナガサキを一つの自分の実績の場として利用した科学者、その人たちは中には軍医上がりの人もいっぱいいたわけで、その体質ですね、それをそのまま受け継いだ。

しかも731はほとんどは医師、医者あるいは動物学者とか、生理学者とか、昆虫学者とかそういう学問、化学そういう世界の人たちが担ったもので、裁

きを受けなかった意味に於いては、そのままリセットしないで現在に至っているということを強く感じます。

ヒロシマ・ナガサキを経て、そしてチェルノブイリを経て、そしてフクシマに至ったということが突然見えてきたという風に私は思っていますね。ですから私がこの本を出版すべく準備して、原稿が上がって最後のあとがきを書こうかなんかしている時に、ちょうど9・11が起こったんですよね。私は戦前の話を調べている気持だったんですけど、そうじゃないんだと、戦争が続いている、考えてみれば、アメリカというのは絶え間なく戦争をし続けてきた国なんですよね。

それで、9・11がすごいショックで、自分の立ち位置がちょっと分かんなくなっちゃったんですよね。それで、少しあとがきを書き直したんです。それから、もうほとんど出来ていたのに取材にアメリカに行きまして、というのはその直後に炭疽菌事件というのが起こって、その炭疽菌がどうも731部隊の菌が、フォート・デトリックというアメリカの細菌戦部隊の中で研究されている。それが使われたんじゃないかという疑いが出てきた段階で、まあつながっていると言うか、つながってしまったという感じで、取材に行って、この本の最後の章は書き起こしたというか、そういうものになっています。

フクシマ、3・11、原発事故ということで、最初は夢中だったんですけど、ややたってから、これはどこかで見たことあるぞ、という感じだった。この光景はどっかで見たことあると思った時に、やっぱり731部隊の人体実験であり、それからそれを実戦で使ったという、そして実戦の犠牲者を解剖したり、レポートにまとめていたという事実ですね。

それから、ヒロシマ・ナガサキならABCCというのができまして、それが日本の科学者に受け継がれ、今は合同で運営しているような形、そしてその息のかかった、そのものズバリというような人たちがフクシマにワーっと乗り込んで来た。そこは全部つながっているんじゃないか、そういうことですね。

だからチェルノブイリでさえも、ヒロシマ・ナガサキの科学者が先導して結論を出している。ですから、そこから全く独立した形の論文っていうのは、あるかも知れませんけれども、恐らくロシア当局ではなくてヨーロッパの学者とかそういう人たちのものであると思いますね。

この本が出たのが2001年です。改めて近頃、つながっているということを、本当に意識させられました。これぐらいで、ありがとうございます。

解説：近藤昭二

背陰河にあった731部隊の前身の組織

今日の栗原さんのお話にあった731部隊というのは、背陰河(ベイインホー)にあった731の前身とも言うべき組織ですね。1936（昭和11）年に関東軍防疫部として正式に部隊として編制される以前の部隊の状態なんですが、資料が非常に少ない、文献もない、証言もこれまであまりされてきていない。この栗原さんなんかは珍しい方なんです。

それで背陰河時代の731について、補足的にお話したいと思うんですが、そもそも石井四郎が731部隊を編制しようとした、何をしようとしたかについて、軍医学校の記録で、『陸軍軍医学校50年史』という昭和11年にまとめた文献がありますが、その中から必要な所をピックアップしました。

石井四郎は、1920年の12月に京都帝大医学部を卒業していますね。すぐさま近衛歩兵第3連隊で軍事訓練をして軍医として進むわけですけれども、1928年の4月から陸軍の費用で、欧米の視察に行っています。25か国回ってくるんですが、それで帰ってきて、3等軍医正、この3等軍医正というのは昭和11年までしかなかった制度で、少佐ですね、後の少佐の階級に相当する、その下が1等軍医で、大尉ですね。

2等軍医が、中尉、3等軍医が少尉という風に制度が変わるんですが、その少佐クラスに任官して、陸軍の軍医学校の教官になります。

この写真が、軍医学校の本館の正面玄関です。この軍医学校の中に既に防

陸軍軍医学校本館

疫部というのがありまして、ワクチンの製造などの作業をやってたんですが、それとは別に防疫研究室というのを作ることになります。

そのいきさつについては『軍医学校50年史』にこうあります。

「海外研究員トシテ滞欧中ナリシ陸軍1等軍医石井四郎ガ各国ノ情勢ヲ察知シ我国ニ之ガ対応施設ナク、国防上一大欠陥アル事ヲ痛感シ、昭和五年欧米視察ヲ終エ帰朝スルヤ、前記国防上ノ欠陥ヲ指摘シ之ガ研究整備ノ急ヲ要スル件ヲ上司ニ意見具申セリ。爾来陸軍軍医学校教官トシテ学生指導ノ傍ラ余暇ヲ割キ日夜実験研究ヲ重ネツツアリシガ、昭和七年小泉教官ノ絶大ナル支援ノ下ニ上司ノ認ムル処トナリ、軍医学校内ニ同軍医正ヲ首班トスル研究室ノ新設ヲ見ルニ至リシモノナリ」

（上）新築の防疫研究室と戦場用の移動可能な石井式濾水機
（下）研究室内の作業

当時、小泉親彦が軍医学校の教官であったが、このように防疫研究室の成り立ちについて言ってます。

この写真（前頁）が昭和11年に撮影された防疫研究室と、内部の作業の風景です。1933（昭和8）年ですね。4月に工費約20万円で起工して10月に竣工しました。797平方メートルの2階建て、延べ1795平方メートルの建物だったそうです。これは戦災で焼けました。

石井四郎による軍医学校防疫研究室の設立経緯

この設立のいきさつについて、石井四郎自身が語っています。石井四郎が京都帝大時代からお世話になっている恩師の清野謙次という教授が1955(昭和30）年12月に亡くなります。

その時のお通夜の晩に奥さんがいらして、録音テープにそれぞれ故人に対する思い出話を収録させてくださいと言い出して、お通夜に集まった人たちが、一言ずつ話している中に、石井もいまして、故人の思い出話の中で、どういうつもりでどういう組織を作ったのかという話をしているんです。その文字起こしを、資料としてあげておきました。

「只今ご紹介を受けました石井であります。……」と始まって、石井の他、岡本耕造（後に京大教授になる）とか、石川太刀雄丸（金沢大教授）とか、田部井和（京大教授）、こういう人たちもこの席にいまして話しますが、この写真はその録音風景ですが、真ん中でメガネの人がマイクを持って話していますね。手前でオープンリールを回して録音している。

白い点線で囲った人物が、石井四郎です。香川県で日本脳炎が、いわゆる

清野謙次教授

通夜の席での録音風景

眠り病ですね。それが発生したときに恩師の清野謙次に意見具申して京大が特別チームを作って、ウィルスを発見したいきさつをちょっと自慢気に話しています。

また、自分が欧米を視察に行ったときの感想を話し始めるのですが、
「英・仏・露、ロシア迄入りまして永くこの観点で見たのであります」
外国がどういう風に隆盛を極めているか、その原因は何かという観点で観たのだが、
「どうも日本にとっても、一つも手を付けない大きなデフェクト〔弱点〕があるということがわかりました。即ち日本に於いては非常に日本が偉いと、日清、日露、日独、済南〔山東動乱〕、シベリア、こういう事変を通じてぐんぐん興隆の一途を進んで、日本の中における我々は、日本中が一等国であると自負してましたが、この観点から世界の内面に入って考えると丸で逆であったのであります」

こういう感想を持って、清野教授に相談に行って、内閣の閣僚に上申したいというような相談をするわけですね。しかし、それはダメだと。周りにも帝大の長与教授とか、学長の荒木寅三郎（自分の奥さんの父、岳父）にも相談したけれども、

「出た杭は必ず叩かれることがあるんだから、或いは然らん〔そうではない〕という考えでございました」

けれども、自分としては、陸軍や内地でできることと、外地じゃなくちゃできないことを、それぞれ会議をして検討した結果、どういうもんだか想像がつかないですけれども、大きな地球儀を作ってもらって、環境の変化を表す、その土地に行かなくても、研究の土壌が作れるようなそういうものを作ってもらおうとしたらしいですけれども、それもダメだと。
「内地に作る技術もなければ、資力もないということで、一つは赤道の直下へゆくがいいし、一つは満州の北端にゆけばいいということで、遂に研究所をそこに設けることにしたのであります」
「その為に、ハルビンに大きな、まあ丸ビルの十四倍半ある研究所を作って頂きまして、それで中に電車もあり、飛行機も、一切のオール総合大学の研究所が出来まして、ここで真剣に研究をしたのであります」

これは平房の部隊のことを言っているんですね。
「その時に先生が一番力を入れてくれたのが人的要素であります。各大学から一番優秀なプロフェッサー候補者を集めて頂いたのが、ここに沢山御列席になる石川教授、それから東北大学の岡本教授その外十数名の教授連でござ

います」「今度は、次は、とどこまでも先生が拍車をかけられまして、段々に、最後に大東亜の全面にわたって、この民族線防御の第1次完成をみたのであります」(以上引用は清野謙次『随筆遺稿』刊行会)

それが広がって行ってですね、偽「満州」ハルビンを中心に、南支の中山大学、そこへも防疫給水部を作りましたが、石井は「逐次研究室を作って行って、遂に三百二十四の研究所を作ったのであります」と言ってるんですね。これがどういう施設までを言っているのかはっきりしませんが、関東軍防疫給水部、平房にある731部隊本部、支部四つ、大連出張所を入れて五つ、他の北支、中支、南支、南方軍の防疫給水部とその支部を入れてもこんな数にはならないんですけれども、どうも中国全般、大陸に張り巡らせた石井機関のネットワークというイメージで話している感じなんですが、或いは私は同仁会を含んで言っているんじゃないか、これは推測ですけれども、同仁会の組織が中国に細かく張り巡らせていた、そのネットワークを使って、ゆくゆくは細菌戦の巨大なネットワークを作るという構想を持っていたんじゃないかと思います。

背陰河の研究施設

それで、昭和8年の4月から動き始めるのですけれども、内地では防疫研究室、今言っているように北満の方に研究所を作るというのが、最初、背陰河の研究施設だったんですね。ちょうど、昭和5年に拉浜線が開通して、ハルビンから東南へ約100キロぐらいの所に背陰河という村があるんです

背陰河の研究施設(通称・中馬城)

が、そこに背陰河の駅を作ります。

そこから引き込み線を引っ張って、部隊の基地を、研究所、試験所という言い方をしていますが、作ります。今、スクリーンで御覧頂いているのはハルビンから背陰河に行く幹線道路、これ1本しかないんですけれども、沿道には人家がほとんどない原野で、幹線道路も、ちょっと雨が降ればぬかるみで、一度トラックで行ったことがありますが、非常なぬかるみにはまって、動けなくなってしまうというような辺鄙な村の先にある所です。

これも撮影したのは20年ぐらい前ですけれども、中馬城跡地の写真です。

当時は731は東郷部隊という仮の偽名を使っていました。石井が東郷平八郎を崇拝していたために、東郷はじめという偽名を使っていましたが、その名前を取って東郷部隊と称していました。

地元の人たちはさっき言いましたように、中馬大尉というのが警備の責任者で、一番村の人たちと接触したせいか、その中馬大尉の城だ、基地だということで、「中馬城、中馬城」と呼んでいました。大体600㎡くらいの敷地です。醤油工場やいろんな雑貨店などの商店を立ち退かせて、土塀で囲まれていました。コレラとか炭疽菌（脾脱疽菌）、栗原さんは馬鼻疽菌をやってたと言ってましたが、それから赤痢、チフス、ペスト、こういう研究室単位で小隊と呼んで五つの小隊があったそうです。

東側にいた独立守備隊というのも、実際の歩兵独立守備隊というちゃんとしたものではなくて、731の仮の名前で偽名です。守備隊の体裁を取って、ここに研究施設を作っていたということです。土塀で囲んで、土塀の幅は、人間が腹這って這っていける幅があったそうです。その上に鉄条網を引いて電流を流していた。

塀の外側には、約3mの壕が掘ってあって、水が張ってあって、南側にある入口の所は、吊り橋で跳ね橋になっていたそうです。それで、通行者が来ると、橋を下げて通し、勿論　歩哨が立って、許可証をチェックしたということです。ここでもやはり、平房と一緒で、「関東軍ノ許可ナキ者ハ立入ヲ禁ズ」という看板が立っていました。この中にロツというのが並んでいる。ロツというのは檻ですね。この中にマルタを監禁してたわけです。

この写真は、奉天の捕虜収容所に収容されて、731の感染実験をされた疑いのある元アメリカ兵のカスティーヨという人が、どんな檻に入れられていたかということで描いた絵がたまたまこの背陰河の檻に似たものであった。このカスティーヨさんが入れられていたのは坐って座高ぐらいの高さしかな

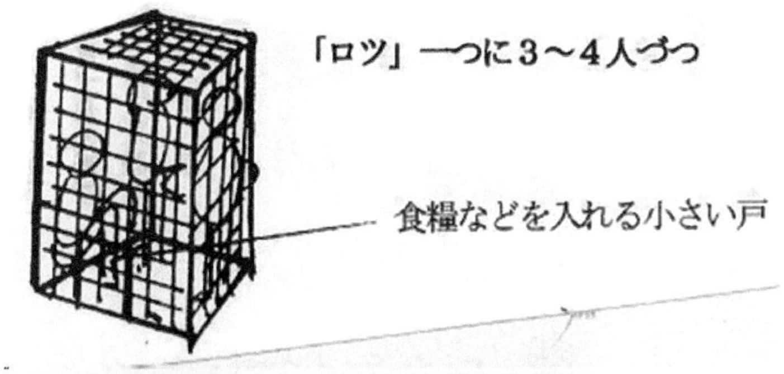

（上）元アメリカ兵が描いた「ロツ」（檻）の絵
（左）「ロツ」（檻）の絵を描く元アメリカ兵のカスティーヨさん

いんですけれども、背陰河の方は、3～4人は入れる広さで、高さは立ち上がれる高さですね。これは3人入っているような絵になっていますが、下半分が鉄板で、上の方は金網が張ってあったそうです。

次の表（次頁）は背陰河守備隊名簿です。背陰河守備隊名簿という名前になっていますが、これは731部隊の前身の東郷部隊のことです。北川正隆という幹部以下この守備隊にいた顔ぶれの将校16人とその他20人の名前が載っています。

これが、あとでお話ししますが、戦後の帝銀事件の時に、捜査の結果出てきた名簿です。背陰河にいた顔ぶれはこういう顔ぶれだという捜査資料です。

この名簿の下の段の左から5人目、菅原敏という名がありますね。これが先ほど栗原さんがインタビューの中で言っていたスガワラっていう嘱託が上司にいたというのが、この人物の事です。

大体編成としては、将校20人くらい、下士官が100人、歩兵独立守備隊

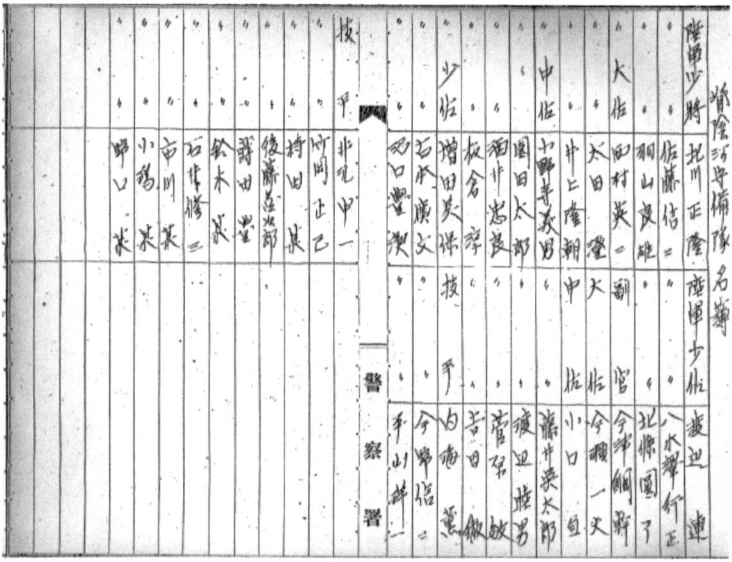

背陰河守備隊の名簿

の一個分隊が、まあ警備なんでしょうね、付いて 20 ～ 30 人、憲兵が 20 ～ 30 人、全体で約 200 人の隊員で構成されていました。

遠藤三郎日記　背陰河視察

この当時、背陰河を視察に行ったことのある関東軍参謀の遠藤三郎が、日記に書いています。

非常に生々しいのは、1933 年 11 月 16 日の日記の記述ですが、

「午前八時半、安達大佐、立花中佐と共に交通中隊内試験場に行き試験の実情を視察す。

　第二班、毒瓦斯、毒液の試験、第一班、電気の試験等にわかれ各○○匪賊二〔人〕につき実験す。

　ホスゲンによる五分間の瓦斯室試験のものは肺炎を起し重体なるも昨日よりなお、生存しあり。青酸十五ミリグラム注射のものは約二十分間にて意識を失いたり。

　二万ボルト電流による電圧は数回実施せるも死に至らず、最後に注射により殺し第二人目は五千ボルト電流による試験をまた数回に及ぶも死に至らず。最後に連続数分間の電流通過により焼死せしむ。

　午後一時半の列車にて帰京す。

　夜、塚田大佐と午後十一時半まで話し床につきしも安眠し得ず」

（右）終戦後まで、引き続き書かれる日誌の第1号
（左）遠藤三郎

という記述なんかがありますが、度々遠藤参謀は、ここを視察に行って、段々規模が大きくなっていくのに満足した記述も中に見られます。

こういう確実な記録もあるんですけれども、背陰河内部から出てきている資料というのは今のところ見つかっておりません。

この遠藤三郎の日記の内容については、『日中十五年戦争と私』という遠藤が書いた本の中にも出てきますし、聞き書きとして宮武剛の『将軍の遺言 遠藤三郎日記』の中にもあります。

ここの部隊がなぜ終息して平房に移ったかの大きな原因の一つは、脱獄脱走事件が起きたんです。ある晩、マルタ 20 人が脱走する事件が起きます。1934（昭和 9）年説と 1935（昭和 10）年説とがありまして、どちらかはっきり確定的なことは言えませんが、いずれかのお盆の夜に、お盆だからと言って酒が出たらしいんですね。

隊員たちが酔っぱらって、宿直まで寝込んでしまったところ、見回りに来た歩哨を、ロツの中の金網をあらかじめ破っておいて、そこから手を出して襲うんですね。それで鍵を取り上げてその時いたマルタたちがみんな土塀を上って、その時の騒動で栗原さんの同僚が殺されました。

何とか 20 人は逃げだすんですね。そのうち 5 人ずつとかに分かれていろんな村に逃げるのですが、その一つに程家崗という、背陰河駅から 500m ぐらいの所にある村にも逃げ込みます。

当時まだ若かった李憲章さんが兄弟と一緒に、マルタはみんな足かせが付いているんですが、鉄の足錠です、それを叩き切って、助けて逃がしてやった。

（上）脱走者が逃げ込んだ程家崗という村
（左）脱走者の足かせを切って助けた李憲章さん

その李憲章さんが、20 年前ぐらい前、元気でいらして、この村の木が立ってる塀らしきものの曲がり角の下に井戸の跡があるんですけれども、ここに立ち切った足かせ、足錠を投げ入れて隠したと話してくれました。

この井戸は、今は土で埋められていますけれども、七三一罪証記念館の前の館長の韓暁さんと「ここを掘ってみよう。足錠が出てくるかもしれないからやってみよう。」という計画を立てたことがあるんですけれども、韓暁さんが亡くなってそれっきりになっています。

この脱走事件が起きて、遠藤三郎の日記の中に「細菌実験一大頓挫せり」というくだりが出てくるんですね。それが、脱走事件のことを言っているのかどうか、はっきりわかりませんが、この逃走したマルタたちのうち 16 人が当時この辺りをカバーしてた抗日連軍第 3 軍に逃げ込むんですね。それで背陰河の内情・実情を全部話して、それで襲撃を計画して背陰河を襲った

（上）足かせを捨てた井戸の跡
（下）杖をつきながら井戸を案内してくれた李憲章さん

り、爆弾を仕掛けて爆破したこともありました。

第３軍が引き続きずっと襲撃を狙っているということも大きく左右したと思うんですが、栗原さんも言ってましたが、一旦部隊全員内地に引き揚げるんですね。陸軍軍医学校に引き揚げてくる。

それから、新たに新設するという計画が出てきて、それが次の平房に一大基地のような731部隊を作ることに繋がっていくんです。そのつなぎの間、陸軍軍医学校に帰った連中は、もう一度ハルビンに出てきます。南崗という場所に、一時駐屯して、準備を進めていたんですけれども、それっきり背陰河はつぶされてしまいますので、資料も何も残っていないのですが、そのことは表に出なかったんですね。

昭和 23 年の帝銀事件捜査での背陰河部隊

勿論、石井部隊のことも表に出ていませんし、背陰河の事など、全く一般の国民の前には表に出ていなかったのですけれども、実は、昭和 23 年に帝銀事件が起きたとき、捜査本部内部では背陰河にいた石井部隊が大問題になりました。

昭和 23 年の 1 月 26 日、帝國銀行椎名町支店に男が閉店直後にやってきて以降の事件のいきさつについて、簡単に説明します。

帝銀事件の甲斐（かい）手記によると、銀行を訪ねてきた、防疫という腕章を巻いたコートの男が、「この近くで赤痢が発生したので、予防薬を飲んでもらわないといけなくなりました。アメリカ軍も後から来ます」と言って 12 人の銀行員を毒殺しました。

帝銀事件発生の直後の帝國銀行椎名町支店の様子

犯行の手口が非常に手の込んだやり口で、「第1薬と第2薬とあって、それを順番に飲んでもらいます。歯のホウロウ質を痛める強い薬なので、自分が飲み方をやって見せるから、同じように飲んでくれ」と言って、第1薬、第2薬を茶碗に注ぎ分けて飲ませました。飲んだ者は次々洗面所へ走ったりその場に倒れ、10人は銀行で2人は運ばれた病院で死亡した。4人が辛うじて生き延びた。

警察・検察は、最初は強盗説の線に立って捜査をやっていました。しかし、2種類の薬を飲ませる犯行の手口はかなり専門的で、毒を注ぎ分けた駒込形のスポイトは旧軍関係の器具を使っているものだし、犯人の非常に落ち着きすました態度などから、これは旧軍の毒物関係の関係者だという事になりました。それで軍関係の医療関係者じゃないかという線で、捜査がそちらへ行くんですね。

その経過の中で、目白署に捜査本部が置かれたのですが、第1課の第1係長の甲斐文助という人が毎日の刑事たちの捜査報告の議事録を取っていたんです。それを甲斐文助の名前を取って今は「甲斐手記」と言われています。

この甲斐手記の中に、背陰河時代の石井部隊が登場してくることになるんです。

甲斐手記をたどっていきますと、背陰河時代の731石井部隊が、どんなことをどんな顔ぶれでやっていたかということが明らかになってくる重要な資料です。

これは今まで全く表へは出ていません。この資料センターの会で、いずれ731部隊と帝銀事件、第九陸軍技術研究所(登研)の関連や謀略について、インタビューを含めて取り上げたいと思っていますので、詳しくはそちらに譲ります。

甲斐手記を大まかに見ますと、軍の医療関係者を当たっていく中で、毒物、特に青酸カリ、青酸化合物、青酸ガス、青酸を扱った組織、軍関係者を復員局に行って、まず関連機関を洗い出すのですね。そこから最初に目につくのは陸軍に科学研究所というのがあって物理や化学の兵器研究なんかを含めてやっていたところ、この関連を追っていくと、1941年から科学研究所から陸軍科学研究所というのが作られたのが分かる。

第1技術研究所から第10まで作られて、そちらで特に青酸を扱っていたところということで、第6技術研究所、六研と言っていますが、そこが上がってくるんです。この六研が、石井の場合と同じで、内地で人体実験や臨床実

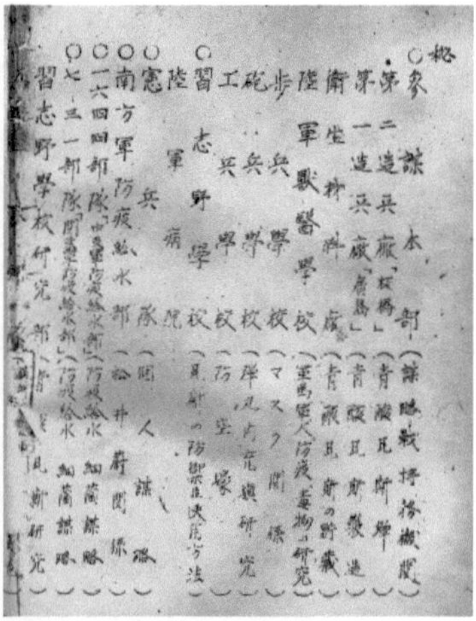

（右）丸印は特に重要な捜査対象
（左）甲斐手記、第一冊の表紙

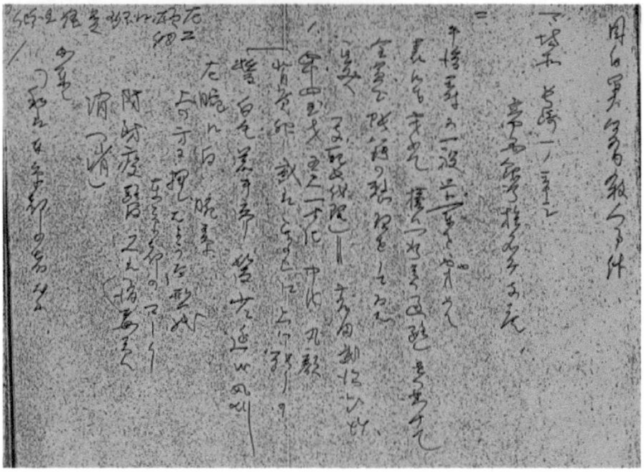

甲斐手記の第1頁

験をやれませんので、満洲のチチハルに部隊の施設を設けて、516 部隊を作ります。

516 部隊は 731 部隊と安達の実験場で合同実験をやったことがあります。この捜査当時には分かっていませんけれども、毒ガスで 731 と合同実験をやった部隊です。それから 526 部隊も毒ガス関係でありました。そこから九研に繋がって行く。第九陸軍技術研究所、登戸にあったんで、通称登戸研究所と言った、今でも資料室が作られて、一部だけ建物が保存されています。

九研が青酸化合物の人体実験を 731 と一緒に、上海でやったというところからも 731 に繋がっていくんですね。次第に 731 部隊へ捜査の手が伸び

旧登戸研究所の跡

ていくんですけれども、特に背陰河時代に、青酸ガスとか青酸カリの人体実験をやったことが問題になり、注目されます。

背陰河時代の部隊員の顔ぶれは誰それだという捜査になっていくわけです。先ほどの名簿はそうやって出来てきました。だんだん人が洗い出されて行って、1月26日の事件から、2か月後の3月24日には、羽山良雄という731の幹部に捜査員がたどり着くんです。

羽山はその時に、顔ぶれの一部を、重要な人物は挙げていないのですが、こういう人物たちがいたという名簿を、刑事に差し出します。それをもとに、また捜査を広げていって、結局石井四郎のところへ行くんですが、それが4月24日です。石井四郎は16人の将校名簿を出した。名簿だけ出して、こういう顔ぶれでやっていたと。名簿を出しただけだそうですけれども。そこから捜査がどんどん広がっていくわけです。決定的になったのは、羽山と石井が提出した名簿の顔ぶれ、15頁の表の左側の頁の一番最後から2人目、小瀉某となっていますが、小瀉基という人物で、731部隊の写真班にいた隊員なんですね。その左に野口某というのがありますけれども、これは野口保という人物で、この人物も写真班で、731部隊の人体実験を撮影していました。この2人が別々の期間なんですが、背陰河の部隊で青酸化合物の人体実験をやったその様子をフィルムに撮ったと、小瀉は小瀉で、野口は野口で証言するわけですね。私はこの野口保という人のお宅へ行って分かったんですが、帝銀捜査でかなり追いかけ回されて、青酸カリを使って自殺したということを家族が言ってました。

京都・大阪への出張なんかもありまして、京都に在住の田中英雄という昆虫班の班長とか巽庄司という髙橋正彦の下にいたペスト班の隊員とか、かなり731の方へ捜査の手が伸びていきます。5月6日に石井は人体実験のことを認めます。初めてここで捜査員に青酸の人体実験をやったと。ところが、その時の責任者が石井要とか千原が責任者だったと言うんですけれども、どっちも戦争中に戦死しているのですね。

ただ、石井要という人に、私は疑いを持っているんですけれども、『陸軍軍医学校50年史』の中に戦死として扱われて、そういう記事も載っています。いわゆる部隊内でいう業務感染死ですね。細菌を扱っている時にそれに感染してそれで亡くなったんだという疑いを持っています。死んだ人間がみんな責任者に上げられて、石井はそこから先、捜査を進めないようにそこでちょん切ってしまうのですけれども。

さて、帝銀事件の名刺捜査の方からは、犯人は松井蔚（しげる）という名刺を使って、帝銀事件の前の安田銀行荏原支店で同じ手口で未遂事件を起こしているんですね。このとき使われた松井名刺が問題になって、8月近くになり、松井と名刺を交わしていた平沢貞通（さだみち）というテンペラ画家が逮捕されるんですね。

一旦、自白しますけれども、初公判の場から無実を訴えて、以来95歳になるまで、死刑判決のまま獄中で亡くなりました。

この甲斐手記を平明に731や登研の行状なんかを絡めて、いずれこの場でまた取り上げて詳しくお話したいと思っています。

背陰河について分かっているのはこのぐらいのところです。

■質疑応答

質問：最初の方の石井四郎の回想のところで、欧米視察してきて、日本は大きなデフェクトとか言ってこれをもっと徹底的につかみたいとか言っているんですけど、このデフェクトとは何なのか、欧米で何を見ていたのか、どういう所を回って、そういう報告書とかそういった資料とか研究っていうのは、現在あるんでしょうか。この証言が、デフェクトとか、これとか中身を言っていない気がするんですよ。だけどその場にいる人たちは、みんなそれを分かっているような雰囲気を感じたので、その辺のところを教えてください。

近藤：端的に言ってしまえば、細菌兵器の研究、化学兵器の研究の遅れ、これを言っているんだと思います。この通夜の席にいる連中はほとんどがそのためにやっていた731部隊が出来たという、研究所が出来たということがわかっているんで、それとこういう公の本ですから『陸軍軍医学校50年史』は、国際法違反ですから触れずに察してくれというとこなんです。行った先は、これは、トンプソン・レポートというのを御存知でしょうか。731部隊の研究とか実態を、終戦直後にアメリカの細菌戦・生物戦の専門家たちが日本に来て、調査をしました。その中の第2次の調査団のアーボ・トンプソンというのが、レポートを書いています。レポートの中に行った国名が挙げてあります。

例えば、フランスがありますし、プロイセン、気になるのはエストニアとかラトビア、フィンランド、スウェーデン、そのあたりに行ってるんですね。その辺は当時、細菌兵器の研究が密かに行われて、密かに実施研究も行なわれていた地域なんです。実際の研究、使ってみての研究。臨床実験もされている地域なんです。

質問：それは確かなんですか。

近藤：フィンランドで。

質問：あのフィンランドでやってたんですか。

近藤：やっぱり秘密の機関がありまして、ロシアとの間でどちらがやったとかの悶着が起きてまして、日本の陸軍からそれの調査に行った人物もいたりして、そこらの視察をおそらくしていたのではと思います。

質問：逆にトンプソンレポートぐらいしかない、もっと詳しくどこの国の、どういう研究機関とか、どういう人物と接触したとか。

近藤：今のところ、そういう史料は見つかっていません。けれども、ドイツに関しては、ドイツ側のいろいろな記録が、これはアメリカの公文書館に残っていますけれども、ドイツの細菌戦研究のいろいろな記録、資料の中に、日本の細菌戦について触れたり、731部隊の北條圓了なんて言うのは、(この背陰河にいた人物です) 研究した「細菌戦について」という論文をドイツ語訳して、向こうでまた検討し直していた記録があります。

この北條圓了というのは、日本から1940 (昭和15) 年に派遣されて、ドイツに行って、ドイツの細菌戦の研究状況を視察してきているんですね。

質問：生物化学兵器の研究ということもわかるんですけれども、その中にいわゆる人体実験も含んでいると、生きた対象にした研究を欧米では既にやっていて、結構進んでいると。日本はあまりそれをやってなくて遅れているんじゃないかと、言うような意識っていうのがあったような気がする。アメリカも、プルトニウムファイルとかでやってたことが明るみに出たりして、ちょっと後のケースですが。そういう感じがあるんじゃないかと思って。

近藤：恐らく、防御の為の研究の範囲に留まらず、攻撃面での細菌兵器研究に日本も絶大な関心があって、かなり進んでいるから国防上やばいよという意見だったと思いますよ。

質問：今もそうですけれども、名目が防御でも攻撃でも、ほとんど同じだと思うのです。そのために生きた人間を使って、より正確にわかるように。先ほどのビデオですごく印象的だったのは、飲み水の蒸留水の実験で、ちゃんと分けて、調べますよね。現在も、いわゆる疫学研究というのは、一番エビデンスが高いのはRCTで飲む人と飲まない人を分けて、実験的にやる今のやり方そのものが、この頃から始まっているということがわかって、生きた人間による実験の始まりというか、そういうものを石井四郎は実際見てきて、これを始めたんではないかと思って、それを裏付けるようなものがあればいいなと思って。

近藤：そうなんですね、推測は出来るんですけれども、今のところそれを証拠立てる史料は見つかっていません。

フィンランドの件を、気にされていたのでは。

質問：印象的には平和の国というイメージなんですが、初めてソ連とか擦り合ったと聞いて、驚いて聞いたわけです。そういう人体実験なんかをやっていたということを。

近藤：やっていたという確実な証拠は見つかっていませんけれども。細菌兵器の研究が、防御なのか、攻撃面なのか、それは紙一重で同じことなんですけれども、それを研究していたことは確かです。

日本の大使館に陸軍の大使館付き武官というのがいますね。この武官というのは実際は、こういうものの偵察がほとんど大きな目的で行っているんですね。この武官たちが調べた史料は若干はあるんです。それから、こういう恐れがないかという電報だとか、この国では今こういう動きがあるけれども、こういう恐れはないかと言って、日本の外務省だとか、陸軍なんかに連絡してくる諜報工作みたいなものの史料はいくつかあります。

ロシアがここに入ってきたとか、ドイツがデンマークとどうしたこうしたとかそういう時にはそういうものが、かなり結構、そういうタイミングでは史料がありますね。

質問：栗原さんというのはそもそもどういう経歴の人なんですか。兵役逃れみたいなことで防疫給水部に入ったと言ってましたけど、背景とか学歴とか、どういう人だったのですか。

近藤：731部隊の人集めの方法は、普通の召集の形は取らないで、軍医学校で募集して、それに応募してきたものを建前で一応試験をするわけです。ほとんど全員合格なんですけれども。

特に少年隊を昭和12年から集め始めるんですね。不良少年とは言いませんけれども、非行少年扱いされてるとか、何らかの事情で進学をあきらめなければならなかった学生とか、そういう人物を対象にして、ゆくゆくは医師になれるかもしれないというようなことで誘い､軍医学校に集めて、形なりの試験をやって、それで部隊に送り込んで、衛生兵教育を施しました。

彼らは、中国各地に石井が張り巡らそうとしたネットワークに、将来送り込まれるのですが、そういう連中と、それから普通の召集で、歩兵訓練などを受けて、普通の部隊にいたのに、転属して731に入ってきた連中がいました。栗原さんはその口です。但しここの部隊に入ると召集免除になるぞ、満期になって辞めて、今度また引っ張られるということは731はないよと、召集免除されるんですね。それに飛びついたんですね。

質問：もともと軍に召集されて、北支の方にいたんですか。江戸弁とおっしゃっていたんで東京出身の方なんですか。あと学歴なんですけど、この時代の人ではある程度あっても､軍医になるほどの程度ではないのですか。

近藤：将校になるコースでもないし、下士官になれるかどうかも相当難しいというランクですね。軍医として将校になるつもりであれば、軍医学校へ行くなりしなければならない。栗原さんは一旦背陰河から戻ってきて、昭和15年まで、防疫研究室で働くんです。それからまた別の所に引っ張られていくのですが、丁種学生になったと言ってますから、軍医学校の丁種学生としてそっちの道に行こうとしたのかも知れません。

質問：家業とか、戦後はどういう人生を90まで送られたのですか。何か紹介とか。

近藤：話題に今までなったことがないので、そこらへんはわかりません。

質問：この人にインタビューに行こうというときには、事前にこの方に関する資料とかあって。

近藤：栗原さんを候補に挙げたのは私なんですけれども、背陰河の事を話せる人は、その頃もう亡くなってたりとか、口を割らないとかで、この栗原さんと、市川利一（としかず）さんの２人ぐらいだったんですね。市川さんはかなり逃げ回っているという話でした。

1993 年から 731 部隊展を全国で展開しているその時に、栗原さんがちょっと登場したことがあるんです。どっかの場所の部隊展の機関紙に、栗原さんの発言が載ってたんです。それで連絡を取って、神奈川県の海老名の老人ホームにいらっしゃることがわかって、その老人ホームじゃ孫たちの手前もあるので、相模原の旅館の一室を借りて、そこでインタビューしたんです。

その時に多分、電話で初めて連絡したときに、聞いたノートがあった覚えがあるんで、その時に経歴を聞いていると思います。細かく正確に聞いていると思いますが。テロップを出す必要が出てくるかもしれませんので、生年月日とか細かいことまで聞いていると思うんですけど、今ちょっと。

質問：きっかけは展示を見にきて、ご本人が何か発言かなんかされて、いらっしゃったことがわかったんですね。

近藤：ええ、そうだと思います。そういうケースが多いですね。

質問：ビデオの中に出てきた経歴なんですけど、前後関係がわからない所があって、最初軍隊にいて、その後、防疫研究室で、２～３ヵ月学習して、それで背陰河に行ったと。その背陰河の後に東京の防疫研究室に戻ってき

背陰河からハルビンへ向かう道は、でこぼこで悪路が続く

たと、その後に北支那に行って濾水機をいじってたと。その時期がちょっと分からないのですが。

近藤：私も細かい記憶が。捜してみます。

質問：で、背陰河から防疫研究室に戻ってきて、その後、731 部隊に行ったのですか。

近藤：いや、行ってない。昭和 15 年まで。後は別の所に就職しています。民間会社に。

質問：北支で濾水機をいじっていた時期がちょっと。

近藤：確か、防研の前だったと思いますが調べておきます。

司会：それでは近藤さん、今日は長い時間、お話下さりありがとうございました。

2016 年 2 月 20 日ビデオ学習会　731 部隊員の証言シリーズ／第 4 回
初出：NPO 法人 731 資料センター 会報 第 18 号 （2016 年 9 月 28 日発行）

元 731 部隊員

鶴田兼敏さんの証言

（1995 年 5 月 20 日取材）

1921 年生まれ
1938 年 11 月　731 部隊に軍属として入隊　少年隊第三班・田中班所属
1939 年 8 月　ノモンハン事変に出動、ひそかにホルステイン川にチフス菌を流す作戦に参加、友軍の衛生軍曹が感染して死亡。10 月退職
1945 年 12 月　帰国

解説：近藤昭二

731 部隊の活動のそもそもは、1930 年、陸軍の派遣による欧米視察を終えて帰ってきた石井四郎の提唱がきっかけだった。

石井自身の言葉によると（『故清野謙次先生記念論文集　随筆・遺稿』以下引用同）、当時日本軍は日清、日露、日独、済南、シベリアの事変を通じて連戦連勝、世界に冠たる軍に興隆していると有頂天になっていたが、石井は実際に欧米を視察してみて「丸で逆であった」と感じたという。潰された民族のアメリカインディアン、ほとんど潰されかかったモンゴルに続いて潰される第 3 の民族はジャップになりかねないという危惧を「内閣の諸公と軍の首脳に報告したい」と考えるようになった。

石井は、軍医学校の教官に任ぜられたのを機会に動き始めるが、ただ、内地では細菌戦を含む軍陣医学の様々なテーマを研究するには、気温の変化や環境の違いでなかなか思うようにできない。軍の会議も再々開かれ、北極、南極、赤道の環境の変化を示す「地球儀の大きなもの」を作ってもらおうとする。石井は 731 部隊の活動についてどういうふうに説明したか。

「内地に作る技術もなければ、資力もないということで、一つは赤道の直下へゆくがいゝし、一つは満洲の北端にゆけばいゝということで、遂に研究所をそこに設けることにしたのであります。

それから次々と発展致しまして、まづ戦地が四千粁に発展しまして、北は北満より、南はアンダマン、ジャバ、スマトラまでゆきまして、一年中同時に戦争があるものでありますから、これに対応策として、まづ将兵の身体を保護して死亡率罹患率をなくするという国家百年の計を樹てるということに廟議一定しました。それで如何にして日本の国力を維持するかが問題であります。

そこでまづ陸軍軍医学校に研究室を作り、それから満洲ハルビン（ロックフェラー・インスティチュートを中心に）。又南支に中山大学を中心に、その外、逐次研究室を作って行って、遂に三百二十四の研究所を作ったのであります。この結果、伝染病並にその伝染病死の率が下り、大蔵省は非常に喜んで、これではまだ継続出来るという結論になったのであります。

その為に、ハルビンに大きな、まあ丸ビルの十四倍半ある研究所を作って頂きまして、それで中に電車もあり、飛行場も、一切のオール綜合大学の研究所が出来まして、こゝで真剣に研究をしたのであります。」

研究所というよりも731部隊本部というこの巨大な軍事基地を中心に、石井は中国大陸に対ソ戦のための大ネットワークを構築しようとした。

しかし、人材が不足する。幹部クラスは母校の恩師清野教授、長与教授、岳父の荒木学長が送り出してくれたが、手足がない。軍医学校の幹部候補生でも年間に150名ほどで、陸軍全体にあてられるからまったく足りない。そこで考えだされたのが、少年隊だ。

第1次（1938年・39年）と第2次（42年から4年）にわたって、何らかの事情で進学を断念せざるを得なかった14、15歳の少年たちを全国各地から募集、入隊させた。衛生学や細菌学の教育を施し、長ずれば大陸各地の支部組織に配置するという構想である。

鶴田兼敏さんは1921年生まれで、38年の第1次前期の募集に応募、教育部に配属され、内務班第3班におかれた。現在の731部隊の本部棟跡、玄関を入って1階左が宿舎となっていた。

証言に出てくるノモンハン事件というのは鶴田さんが昆虫班に配属されて1カ月後に始まったが、1939年5月11日、モンゴル軍が「満洲国」との国境ノモンハン付近まできたのを越境と見なし、日本軍が攻撃をしかけた戦闘のことである。戦闘は9月まで約4カ月に及んだが、日本軍は約1万4千余名の死傷者を出し、惨憺たる敗北で終結した。

証言にあるように、この時、ノモンハンには関東軍防疫部（731部隊）も出動した。

石井四郎を指導本部長として以下、参謀中佐・山本吉郎、参謀付軍医少佐・加藤真一、軍医大尉・早川清、給水隊長軍医少佐・村上隆、給水隊長付軍医少佐・早川正敏、軍医少佐・碇常重、薬剤少佐・草味正夫、班長軍医大尉・作山元治、軍医大尉・瀬戸尚二、軍医大尉・清水富士夫という顔ぶれが参戦した。

ノモンハン付近は砂地で、給水は黒竜江につながるハルハ河と、支流のホルステイン河に頼るしかなかった。そこで、碇少佐の下で決死隊に編成された元隊員の倉島壽亀氏の証言によれば、「731部隊から編成された給水班の役目は、毒物検知、水質検査、そして一線部隊に無菌・無毒の水を搬出する給水活動だったが、その他にも謀略や斥候もやった」という。その謀略というのが、鶴田さんの証言の中味だ。

それについては、ほかにも裏付けとなる証言がある。戦後1949年に行われたハバロフスクの裁判で、被告西俊英（731部隊の教育部長）は碇少佐の命令書や写真原版、決死隊員の名簿を見たと証言しており、第4部細菌製造班にいた田村（篠塚）良雄氏も戦後撫順戦犯管理所に収容されていた時の尋問で詳しく述べている（『細菌作戦』同文館）。

鶴田さんのインタビューは1995年、NTVの戦後50年の特集番組制作の際に撮影されたもの。114頁から116頁の写真は、ノモンハンに随行した関東軍防疫部（731）写真班が撮影したもの。（アジア歴史資料センター、「ノモンハン事件写真集 昭和14年6月～9月（防衛省防衛研究所）」）

安達演習場で実戦研究（第2部）の指揮をとった碇常重少佐

証言ビデオ

〔 〕は編者注

近藤：少年隊に入られたのはどんなきっかけからですか？

鶴田：私、昭和12年に東京にいたんですが、新聞配達なんかしましてね、勉強しなかったんです。

あの頃は、昭和12年といいますと、上海事変などありまして、前年には2．26〔事件〕があるわけでしょ。そんな時代で「若者よ、大陸へ渡れ」っていうような時代だったんですよ。

それで、私の叔父が東京におったんですけど、その叔父が、実は飯田橋の職業紹介所で、その当時は職業紹介所と言っていましたけど、「飯田橋の友人から連絡があったんだけれども、関東軍の軍属を採用する選考試験をやっている、それに応募してみないか」という話がきたんです。それで、試験受けたんですよ。そしたら受かっちゃって。

近藤：どこで試験したんですか？

鶴田：試験、どこでやったのかな、忘れましたけれどもね。ただ、身体検査は軍医学校ですか。あそこで、身体検査受けました。

あれは昭和13年の11月10日ぐらいになるんですかね。その頃は東京市庁と言ってましたけれども、そこに集合して、汽車に乗って神戸まで、神戸から朝鮮ですね、門司港に寄港して、門司から大連に上陸したんですよ。行き先全然知らなかったんですよ。ほんとに。それで、汽車に乗って着いた所がハルビンだったんです。それで、集合させられたのがいわゆるハルビンの吉林街で、731のハルビン市内の連絡所ですね、あそこに集まって、それからバスに乗せられて、着いた所が731部隊だったんです。

そのころは、石井部隊だったかな。加茂部隊とか石井部隊とか、呼ばれていましたけど、私たちは、石井部隊で統一してましたね。

石井部隊に入って、でも、何するのか、知りませんでしたよ。

そのころ未成年者で少年隊員が、約80名いたんです。それを3個班に分けて、1班、2班、3班と分けて、部隊の内務班形式にして、内務班の生活が始まったのです。

それから、昭和13年12月までは、当時まだ、部隊本部は建設中だったから、資材の運搬なんかの手伝いをやらせられたんですよ。

14年の1月に入ってから、一応衛生関係の教育を受けたんです。手引書みたいなものですけどね。

近藤：例えば、どういうようなものですか？

鶴田：病理学ですね、伝染病とか、細菌に関すること、病気に関すること、伝染病、医学、衛生ですね、そういうような教育を受けたんですよ。

近藤：その頃でも、まだ部隊のことは何も知らされていないのですか？

鶴田：ええ、何も。人体実験やっているなんて全然知りませんでしたからね。とにかく3月まででで終わって、4月から各研究班に、配属されたんです。私は、昆虫班に配属されて、田中技師の下でノミの飼育を専門にやったんです。

近藤：ノミの飼育って具体的にどんなことをするんですか？

鶴田：あのね、これも18ℓ入りの空のガソリン缶に半分ぐらいもみがらなんかを入れて、その中にノミを入れておくんですよ。そして、ノミの餌としてね、白ネズミかな、このくらい〔約12センチ〕のおとなしい白いネズミがいるんですが、あれを動かないように、小さな金網に押し込んで、そのガソリン缶の真ん中に置いておくんです。そうすると、ノミがそのネズミの血を吸って増えていくんですよね。

ところが、ネズミはたいてい3日目の朝に死んでますもんね。それで、今度は活きのいいネズミと交換し、飼っているとノミはどんどん増えるんですね。

どのくらいの期間がわからないけど、ある一定期間を過ぎるとノミの採集がはじまる。1箇所に集める。そのときは、ガソリン缶の真ん中にこのくらい〔約20センチ〕のビーカーに、白い布を巻いて、ポンと置くわけ。なんかその白い布に仕掛けがあるらしい。そうすると、ノミが跳ね始めます。それでポンポコポンポコ、ビーカーの中に入れちゃうんです。ノミはさなぎも跳ねますもんね。それで一匹残らず入っちゃうんです。ビーカーの中に。それでもういなくなったら手で押さえて、そのビーカーを振るわけです。そうすると、丸く固まるわけですね。

近藤：ノミが？

鶴田：ええ。それで固まった所を他の器に移すわけです。それを、別の班に持ってって、ペストノミにするわけです。私の仕事はそこまでです。それから先、どの班でペストノミにするのかは知りません。

近藤：固まるぐらいのノミというのは相当な量ですね。
鶴田：これぐらい〔直径15センチ丸〕固まる。ええ、一晩に。あの当時でも相当の量のノミを飼育していたと思いますよ。
近藤：数えたりはしないんですよね。
鶴田：いや、数えるよりも、重さでいくんじゃないですかね。
近藤：はあ、重さで。
鶴田：大体、何グラムあったら何匹ぐらいとわかっているんじゃないですか。
近藤：それは、相当の量ですね。それを明けても暮れてもやるんですか？
鶴田：私たちは、そればっかりです。
近藤：そういう缶が、どのくらいあったんですか？
鶴田：うん、そうですね、何部屋あったか、わかんないけど、忘れたんですけど、私の飼育部屋の中では、何個ぐらいあったんだろうね。とにかく、もう60何年前のことで、記憶も薄れましたけれどもね。
近藤：1939年に、ノモンハン〔事件〕が起きましたね。
鶴田：5月になって、ノモンハンがおっぱじまってね。少年隊員は、夜間警備につかされましたよ。38式歩兵銃に実弾込めて。
あそこ〔平房の本部〕に大林組とか、まだ建設途上で、まだ大林組なんかが、作業をやっていたんです。それに従事する中国人の苦力がいるんです。そういう人たちの宿舎があるんですね。その辺を、夜、巡回して回るんです。
そうこうしているうちに、8月に入って、私自身にも、ノモンハンに従軍するように命令が出たんです。防疫給水班員としてハイラルに出張を命ずると命令が出たんです。それで、田中技師の引率で、昆虫班から4、5人行ったと思います。
防疫給水班というのは、いわゆる泥水を飲料水に換えて、その飲料水を水嚢に入れて、

ノモンハン従軍前日の鶴田兼敏さん

背負って、兵隊さんに配水する訳です。そういう仕事が、防疫給水部班の本来の仕事なんです。

ところが、僕たちが、派遣命じられたけれども、不思議なことに防疫給水班員としての教育も、訓練もやっていないんです。とにかく、行けと言われたから行っただけなんです。それで、戦場の露営地に着いたのは、ハイラルを、確か、16日か17日ごろ露営地まで、約200km ありますもんね。そこで着いて、何の仕事もないんですよ。別に今から給水の仕事も全然ないんです。とにかく、何の命令もない。ボヤッとしていましたよ。一日。そのうちに今度は20日から総攻撃が始まったでしょ。

近藤：敵が攻めてきますね。

鶴田：ええ、すごかったですもんね。それで、逃げた。逃げたのも、私たちの所、幸いなことには、露営地の主戦場ではなかったから、よかったんですよ。それでも、ソ連の戦車砲の攻撃を2時間にわたって、連続でやられましたよ。

これじゃ、いけないというわけで、いよいよ、後方に退却になったわけです。それで退却しても、陣地を2、3回換えましたよ。それで、今度、部隊長の周辺に私たちの原隊が集合したんですね。

近藤：師団長ですか？

いや、石井部隊長です。23師団長は、私、どういう人かわからない。

近藤：では、石井隊長も居たんですね。

鶴田：行くには、行ったんです、隊長の場所のそばに。ソ連の総攻撃はいくらかありまして、大体6月の30日ごろからおさまったんですね。

おさまった後、陣地を変更して、隊長のそばに集まった、ある日の夜中に「集合」と、約20人が集合したんじゃないかな。いきなり「トラックに乗れ」ですよ。それで、トラックに乗って、どこへ行くのかなと思っていたら、そのとき、初めは、ホルステン河に細菌撒きに行ったわけです。でも、目的も行き先も、全然、私は、知りません。教えられませんでしたからね。

近藤：それは、トラックでいったんですか。

鶴田：トラックで、行きまして、それで、目的地について、これまた18ℓ入りのガソリン缶の中に培養液を入れて、密封しておくんです。そいつを持ってって、おろして、缶を開けて、開けたやつを、私たちが川に流すんです。その開ける係りに柴山班長と言うのがいたんです

ノモンハン事件当時のホルステン河
（アジア歴史資料センター　レファレンスコード：C13010544200）

ね。少年隊の第2次班の班長さんだったんです。その人たちと一緒にそういう仕事をしたんです。それで、出撃命令は8月30日ごろから9月16日までの間に3回あったんですよね。

近藤：停戦になるまでに？

鶴田：ええ、停戦協定結ぶまでの間に3回行ったけど、成功したの1回きり。あとの2回は、連絡不十分だったり、車両がぬかるみに入り込んで、動けなくなったり。3回出たけど、1回だけですね、成功したのは。

近藤：それ、真っ暗な所でやったんですか？

鶴田：うん、真っ暗な中なんですよね。私たちの周辺しかわからない。

近藤：敵は、対岸に？

鶴田：対岸に居るということは、大体わかってましたね。とにかく信号弾が上がっていましたからね。青やら赤やら信号弾が飛び交った中を行ったもんですから。とにかく隠密裏にやって。

近藤：照明弾でも上がれば？

鶴田：照明弾が上がってたら、生きて帰ってなかったと思いますよ。

1939年7月22日　738高地の石井四郎（右）
（アジア歴史資料センター　レファレンスコード：C13010543600）

近藤：場所は、どこに撒いたかというのは？

鶴田：ホルステン河っていうだけしかわからないですね。どういう地点だったか。

近藤：ハルハ河の？

鶴田：支流ですね。ある文献によれば「ハルハ河の決死隊」なんてあるらしいんだけど、どうもそれとは違うような気がするね。

でも、人数なんかは大体あっているんですよね。あれ、20名とか言ってましたでしょ。私たちも、出かけたのは20名ぐらいだったですもんね。多分トラック3台で行ったと思うんですよ。

そのうちの1台に培養した缶を運んだんですよ。それで、前と後ろに1台ずつ、10人ぐらいの班員が乗って行ったんだと思います。

近藤：大体、どのくらいの缶があったんですか？

鶴田：そうですね、どのくらいあったんでしょうかね、はっきりわかんないですけど。

近藤：トラック1台分あったんですか？

鶴田：もちろん、トラック1台分はあったと思います。でもね、そんな

1939年9月15日　停戦協定が結ばれた日の積載現場
（アジア歴史資料センター　レファレンスコード：C13010545300）

に悠長に作業はできませんので、手っ取り早くやらなくてはならないから、どのくらいあったでしょうかね。

近藤：20缶ぐらいあるんでしょうね。

鶴田：20缶ぐらいはあったろうと思いますね。とにかく20人ぐらい行ったんですから。

それで、基地に戻ったら、消毒班員が待ってて、頭のてっぺんから足のつま先まで、消毒液をぶっかけられましてね。なんか、そのときに「なんかやばいことやったんだな。」という予感があったんですけれどね。何を撒いたか知らなかったんですよ。

一緒に行ったさっき申し上げた衛生軍曹の柴山さんと言うんだけれども、柴山軍曹が帰ってこないんですよね、缶を開けた人たちは。

それで、停戦協定になって、私たち、平房の部隊に帰ったんだけれども、その班長だけが帰ってこない。「どうしたんだろうな」と思ったら、そうしたら、腸チフスで、ハイラル陸軍病院の伝染病棟で亡くなったという話を聞いたんです。それで、あの時撒いたのが腸チフス菌だったことがわかったわけです。

写真中央は石井四郎。両手を挙げて731部隊隊員に指示をしているところ

班長が生きたまま帰ってきていたら、多分あれが腸チフス菌だったということは、私、知らなかったと思います。

近藤：それは表彰されたそうですね？

鶴田：いや、論功行賞で、昭和16年の官報見たら、勲8等になっていましたよ。多分、ノモンハンにおける特殊功績によりということだったらしい。

近藤：特殊功績、特殊ですか。

鶴田：特殊。未成年者で、勲章もらったのは731関係の少年隊員だけではないでしょうかね。

近藤：少年隊員さんは、みんなもらったんですか？

鶴田：ノモンハンに従軍した連中、全部もらった。

近藤：その後、味方、友軍も感染しているんですよね。

鶴田：いや、あのね、確認したわけじゃないんですけれども、五味川純平さん、この間亡くなった、あの人の『ノモンハン』という記録がありますわね。あれ見ると、どうも、石井部隊が、前線に現れると、その付近に、下痢患者が発生するわけですね。それで、私、石橋〔直方＝同期の少年隊員〕君に言ったことあるんだけど、あれは、我々の考

ノモンハンの帰途ハルビン駅での 731 幹部。左より早川正敏、草味正夫、川上漸、大田澄、板根勝男

え過ぎかもしれないけれども、石井部隊は戦場を実験場にしたんじゃないかと。そんな気がすると言ったことがあります。それで、ハイラルの陸軍病院は下痢患者でいっぱいになったそうですね。そんな話を聞いてます。

近藤：関東軍から視察があったという話はきいてますか？

鶴田：関東軍の視察と言いますと。

近藤：参謀が見えたと言うことで

鶴田：ああ、宮田参謀〔竹田宮恒徳〕。あれは、ノモンハンから帰ってきて、部隊長から少年隊員の内から５名ばかり出せと言う通達があったもんだから、私も含めて、他４名、２階に上がる階段の前に広間があるんですね。そこに整列して、部隊長を待ってたんです。そしたら、部隊長と参謀が２人で２階から降りてきた。そこで、参謀さんは大尉でしたね。

なかなかいい男で、すごいハンサムな参謀が来ているなと思ったんですけど、そこで石井部隊長が私たちに向かって「こんなかで、ノモンハンに行ったのはいるか？」って言うから、私、手を挙げたら、「お前、戦争をどう思うか？」〔と聞かれ、〕「戦争しないほうがいいです」と言っちゃったんですね。何の気なしに言っちゃたんです。別に思想的に背景があったわけじゃない。思想的な背景があったら、言えなかったと思いますけどね。そしたら「それじゃ戦争しないですむにはどうしたらいいか」隣のやつどうだと言うから、隣の戦友が「はい、富国強兵であります。」と言ったわけですね。そしたら「うん、そうだ。双葉山に喧嘩しかけるやつはいないからな。」

そういう問答があったわけですよね。それで、そういう問答が終わって、解散して、2、3日経って、私に田中技師が「シラミを飼え」と。

近藤：それまではノミをやってて。

鶴田：ええ、私にだけ、「シラミを飼え」、シラミを飼うといったって、シラミは人間の血しか吸わないのですよね。ネズミで飼うわけにいかないのですよ。しょうがないもんだから、これくらい〔約12センチ四方〕の布切れですね、シラミを這わせて30匹ばかり、自分の腕にこう乗せてやると血を吸うわけです。

キヌジラミって言って、白い色の無白色のキヌジラミです。これは、本当に人間の血しか吸わないんですね。こうやって腕に乗せて血を吸わせるわけですよ。それで、かゆくても我慢しておかないと、1匹殺しても大変なことになっちゃうもんだから。それで、10分ぐらい経過してひょっと見ていると、逆立ちしているんですよね。逆立ちして、盛んに血を吸っているわけです。満腹したら、背中に赤い筋がスーっと通るんですよね。

そうなると満腹したんだということで、外すんですよ。そうすると、満腹したやつはこっち〔布〕にくっついているわけですね。全部こっちへついているから、別の所へ置いて、保管しとくわけです。そうやって、自分の体でシラミを飼わされる。1日に、午前中、午後と2回そうやって自分の血を吸わせたわけですね。

近藤：かゆいでしょ？

鶴田：かゆいですよ、かゆいと言ったって我慢しとかなくちゃ、しょうがない。殺すわけにはいきませんからね。殺しでもしたら、大変なことになりますから。

近藤：それはどうしてですか？

鶴田：それはもう、ノミだってあそこでは殺しちゃいけないんです。飼ってるんですから。ハエだってそうですよ。篠田〔統〕技師は、ハエなんか飼っているわけですよ。外ではですよ、ハエ叩きでハエを殺しているけど、昆虫班の中で盛んに飼っているわけですよ。そんな所だったもんだから。それで、4日目ぐらいに、もう飼わなくていいということで、やめたんですけれどもね。でも、時々、考えてみたら、多分、キヌジラミは発疹チフスの仲介やるものだと思い出したのです。発疹チフス、リッケチャというのが、私が飼わされたシラミの中に1匹でも巣食っていたら、私、確実に発疹チフスにかかっていたんです。幸いにも、発病しなくてすみましたけれどもね。これが、なるほど、731的な懲罰だなと思ったわけですね。そのことがあり、班長の死亡をですよ、上司が死んだと言うことを聞いて、なんとなく薄気味悪くなっちゃったんですね。それで、篠田技師に「やめさせてくれ」と言ったんです。そしたら、許可してくれましてね。10月31日付けで辞めて、唐津に帰ってきたんです。

近藤：辞めるとき機密保持とか極秘にする、絶対に機密を保持するというのは叩き込まれていたわけ。

鶴田：もちろん、そうです。絶対しゃべっちゃいけない。しゃべるとえらいことになるぞということになっていましたけれどもね。だから、731のことは、森村誠一氏の『悪魔の飽食』が出るまで、私は自分の女房にも話したことがない。

それは何の抵抗もなしにそうしていました。731のことをしゃべりたくてたまんないという気にはなりませんでしたしね。だから、私が何やっていたか女房はついこの間まで知りませんでしたよ。

近藤：つい最近まで？

鶴田：ええ、つい最近と言うか10何年か前に、ハルビン行ったでしょ。あの時初めて言ったんです。実は、ハルビンでこういうことをやったんだと。そのために、ペストにかかって、死んだ人たちね、その他の人体実験で亡くなったマルタの人たちのことが、やっぱり頭にあったものですから。

近藤：そういう標本を見たことがありますか？

鶴田：ええ、あのね、本部の2階に標本室ってあったんですよ。それで、その時は、昭和14年の4月か、3月だったと思うんですけれど、関東軍司令官が、植田謙吉さん、関東軍司令官植田謙吉陸軍大将が、勅使という名目で、部隊視察に来たんですよ。

それで、その時に、部隊長以下、衛兵が本部前に整列しましてね。石井部隊長が「捧げ銃（つつ）」なんてやってね。お迎えしたのを覚えていますけれどもね。その時に、陳列館に入ることを許されたわけです、初めて。

近藤：標本室に？

鶴田：標本室に。それまでは、標本室に入れませんでしたもんね。そういうものがあるとも知りませんでした。その時に、私の頭の中に今でもこびりついているのは、ペスト攻撃で亡くなったマルタの生首と、それから天然痘で殺された1～2歳の幼児の膿疱（のうほう）という膿みのついた膿疱というのがあるんですよね。体中が膿みの出ているやつ。ありのままですね。

近藤：赤ん坊が？

鶴田：赤ん坊っていうか、幼児ですね。1、2歳程度の。

近藤：何人？

鶴田：中国人です。中国人の子どもです。それが、標本瓶のホルマリンの中に浮かんでいるのを見たんですよね。それが、未だに忘れられませんね。あの、鮮明に覚えています。それだけは。はい。

近藤：生首ですか

鶴田：生首、ここ〔首の付け根〕からですけどね。顔見ただけで、これはペストだなとわかるんです。

近藤：黒くなっているんですか？

鶴田：ええ、黒くってね。その標本見たの、未だに鮮明に覚えてます。顔つきから姿の容姿までね。二つの標本の姿は未だに忘れません。

近藤：そこを、見学したんですか？

鶴田：え、その時に、植田参謀、司令官が来たときに、初めて標本室に入るのを許されたわけです。その時、初めて見たわけです。

近藤：一緒に入ったんですか。

鶴田：私たちは、偉い人たちが終わった後。見学終わった後。

近藤：ホルマリン漬け？

鶴田：ホルマリン漬け。それ、未だに忘れません。

近藤：そのような物がいっぱい並んでいるんですか？

鶴田：たくさん並んでいたらしいです。そんなのを思い出しましてね、脳裏から離れないわけです。なんかモヤモヤしてたんですけどねぇ。しゃべるわけにはいかないし。

で、きっかけになったのが『悪魔の飽食』なんですね。あれ読んだ途端に矢も盾もたまらなくなったんです。とにかく、平房に行ってね、あの部隊に行って、部隊の跡地に立って、申し訳なかったと頭下げたい気持ちになりましてね。

それで、ちょうど、「懐かしの満州の旅行」という日本交通公社か、あれのツアーがあったんです。それに参加させてもらいましてね、ハルビンにそれで行ったんですね。

ところが、ハルビンのホテルでですよ、ホテルの通訳が「あんたたち、大体何しに来たか？何の希望があるか」と聞くから、私が「平房に行きたいと」と言ったんですよ。そしたら、「あそこは、外国人立ち入り禁止区域になってるよ。そんなとこうっかり行ったら帰って来れなくなるよ。」と脅かされたんですね。

一応、諦めかけていたんですけど、その通訳さんが、わざわざ平房の方に連絡とって、行けるようにしてくれたんです。それで、着いた翌日、通訳さんと２人でタクシーで、平房に行ったんです。そしたら、韓曉〔七三一部隊罪証記念館長〕さんですね、それからもう１人人民政府の御偉い人が、わざわざ、出迎えに来てくれましてね。それで、ちょうどその日はですね、森村誠一さんが、ちょうど１年前に取材に行っているんですよ。同じ応接間に通されましてね、「よく来てくれた」と「日本の軍国主義による侵略に対する罪業は私たちにとっては、永久に忘れられるものではない。しかし、許すことはできます。あなたも、よくぞ、来てくださいました」と「ほんと、私たちはあなたをお客様として歓迎いたします。」と挨拶を受けちゃったんですよね。普通、何か言おうと思うだろうけど、言葉が出なくなりましてね。ただ、見て頭を下げるだけで、言葉が出ないんですよ。いろいろ思い出しましてね。特に、あの標本ですね。標本のあの姿のを思い出しましてね、私が直接やったわけではないんだけれども、やっぱり石井部隊の一員として手を貸したことには間違いないですよね。それがあるもんだから、頭下げっぱなしです。言葉は出ませんでした。

別れる時に、「この次は元隊員ではなくて、１人のお客さんとして遊びに来てください」という、温かい言葉を懐に入れて帰ってきたんですよ。

近藤：50年ぶりにその部隊の跡を見てどう思いましたか？

鶴田：いや、それがね、もうすっかり変わっちゃっていましてね。私たちが住んでいた本部の棟だけそのまま残っているんですものねぇ。あとは徹底的に変わっちゃって、どこがどこだかわからない。私たちの、内務班の跡はあったんですよね。本部の１階ににあったもんだから。それだけが、残っている。
近藤：ボイラーは見られなかったですか？
鶴田：ボイラー室行きました。でも、ほんとに徹底的に壊したもんだなと思いましたね。僕は、逆にあれ、残してくれてた方が良かったんじゃないかと思っているんですよね。
近藤：部隊にいらっしゃる時にマルタを見たことはありますか？
鶴田：ええ。あの昭和13年に入ったでしょ。11月に入って、11月から12月まではさっき申し上げた、まだ資材が入ってきてましたもので、それをいろいろ運ぶ手伝いをしてて、あれ、ひょっこり、引率者に連れられて、屋上に上ったわけですよ。それで、ひょいと下見たら、いわゆる７棟、８棟という監獄があったわけです。その時は知りませんでしたけど。その庭で３、４人の真綿を着た中国人らしき人たちが円陣作って回っているんですよね。それで、その引率者に、あれ、何だって聞いたんです。「あれ、マルタだ」って言うんですね。「マルタって何ですか？」と聞いたんですね。そしたら、「死刑囚だ」って言うわけですね。陸軍の部隊にですよ、軍隊に何で死刑囚がいるのかと思ったんですけどね、そんな風に質問しようと思ったけど、質問する前に引率者から「今見たことは、忘れてくれ、絶対に口外してはいけない」と機先を制せられましてね、機先を制せられたものだから、質問しなかったんですけど。そのマルタということは初めて知ったし、マルタの姿を見たのもその時が初めてでそれが、最後でした。

後で、いろいろ聞いたんですけれども、見たのは、運動ではなくて、約30kgぐらいの土嚢を担がされて、体力の検査のために歩かされてたんだということを、戦後になって聞きましたね。それは、石橋君からですけど。マルタ見たのは、それが最初で最後です。
近藤：部隊を抜けたいきさつはどうでしたか？　すんなり辞められたのですか？
鶴田：ええ、昭和14、5年ぐらいまではね、辞めさせてくれてましたね。特に篠田技師というのは、いわゆる文官でもあるし、文官と武官、いわゆる軍医と技師というのはなんか気質が違うんですね。なんとなく、おおらかなんです。それで、早速私たちの言うことを聞いてくれまして、私とその時、同じ内務班にいた千葉というのがいるんですけれども、千葉君というのと、その２人で、同じ日に入って、同じ日に辞めちゃった。ただ、箝口令はきちんと言われましたけれどもね。絶対しゃべっちゃいけないと、しゃべったらお前はないと、それで、その場で辞めさせてくれましたね。その後は、普通の部隊の軍属に再就職しましたけれどもね。731 はわずか 1 年足らずだったんですけど、その 1 年足らずが、今も尾を引いています。私の影みたいなやつ。付いて離れませんね。もう、やっぱり、本当にろくなことしなかったんだなという気が芯からします。

近藤：昭和天皇はこの部隊のこと知っていたと思いますか？

鶴田：先ほど申しましたように、関東軍司令官が、植田謙吉大将は、勅使で来たというからには任務が終わったらその事を上奏するはずですよね。だから、知っているんじゃないかと思うし、それからさっき申しました参謀、あの人は宮田参謀と言っていたけど、竹田宮ですもんね。皇族ですよ。ですから皇族方も、全部じゃないにしても知らなかった人はいないと思いますよ。現に、竹田宮という人は、関東軍と 731 の作戦面の連絡係りだったそうですね。それから 731 部隊に入っていくための通行証ですか、その発行の任務についておられたそうですから。ご存知だったろうと思います。

近藤：いまだに、この部隊のことを話さない人たちがいますね。どうして、そこは話さないんですか？

鶴田：ええ、その人の考え方によるんだけれども、私が見た所では、いかにも実態がですね、語るに忍びないという面もあるわけですよ。人様の前でね。語るに忍びないというのもありますしね、それから、忘れたいというのもいるわけですよ。このことは。同じ少年隊の中にもそれはいます。でも、私の場合は、歴史の事実として、語るべきだと思っているんです。実名を出して、証言してきてましたけども。

近藤：部隊の幹部の責任ある立場の人たちが、戦後まったく戦争犯罪に問われずに、名誉ある地位についていることについては、どう思われますか？

鶴田：あの人たちはですね、何て言ったらいいのかねぇ。もってのほかとしか言えませんね。で、3000 人とも言われるマルタを思いのままに実験材料として使って、その成果だけを自分のものにして、それで戦争終わったら、日本に帰ってきて、医科大学の学長になってみたり、勲章もらったりね、勲 1 等旭日章なんていうのももらったりした人もいるわけですよ。それから、大学教授になったり、学長になっている人もいますしね、そういう人たちには、こちらも聞きたいんです。どんな気持ちか。

それから、あの増田〔美保〕大尉という飛行機乗りがいますわね。後には中佐かそれくらいになったりしたか、私が見たころは大尉だったですね。その人なんか、取材に行くと「俺は知らん、俺は知らん」と逃げているんでしょ。ほんとに、解釈のしようがないですね。

ただ、思うのは、もってのほかだと思う。私たちは、もってのほかです。あの人たちこそ、しゃべってくれるべきだ、そうすると、私たちみたいな下っ端がしゃべる必要がないわけですよ。あの人たちがしゃべらないもんだから、そんなら僕たちがしゃべるほかないじゃないですか。そういう気にもなって、証言するようになったわけですよ。もってのほかですよ。

確か3000人とも言われる犠牲者に対する悼みというそういう言葉は一言もないですもんね。それで、御偉い人たちの、手記なんか見ると、石井部隊長の功績なんかは評価するんですよね。しかし、その影にいる3000人に及ぶ犠牲者に対する心の痛み、そういう言葉が全然ないですもんね。ですから、特に、私たちはその人たちに代ってね、証言すべきだと思っているんですよ。

近藤：今、騒いでいるオウム真理教のあそこの中でも、細菌の実験なんかやったりして、……

鶴田：ですからね、平成版の731みたいな感じがしましたね。

近藤：似てる感じがしますか？

鶴田：なんとなくですね。やり方は違ったでしょうけども、731みたいに大々的じゃないでしょうけれども、何か方法が、やっている方法が、731に似ているんじゃないかなって、そんな気がしましたよ。随分亡くなった人もいるんでしょ、あそこで。ですから、刈谷さんなんかも、坂本さんご一家ですか、薬物実験なんかに使われたんじゃないんでしょうか。

近藤：今、戦後50年で「君が代」を聞いたり、「日の丸」を見ると、どういう気持ちになられますか？

鶴田：すぐ、731を思い出します。それ、ダブっちゃうんですね。ですから、日の丸を見るのも後ろめたい感じがしますもんね。なんか、嫌な思い出が先にたつんです。それで、君が代、私、君が代の文句が気に入らないんですよ。だって、さざれ石がですよ、岩になるはずがないと思っているんですよね。これは、文句がおかしいんじゃないかと思っているんですよ。ですから、歌う気がしません。

〔取材場所のここが〕靖国神社じゃなくて〔千鳥ヶ淵で〕良かったと思ってます。私、こちらこそ拝むべきだと思ってます。大体、神様というのはいけにえを欲しがると思うんですよね。結局、天皇のために、いけにえになった人たちが、九段にいるわけでしょうけれども、あそこに、心(しん)から望んでいった戦友たちはいないと思うんです。ほんとに。

こちらこそね、千鳥ヶ淵こそ、私たちは大事にすべきじゃないかと思っているんですよ。犠牲者は犠牲者ですからね。

それは、中国の人たちもいいんですよ、「あなたたちも、日本軍国主義の犠牲者だ、我々はそう思ってる」、と言うくらいですから。

靖国神社では、逆に軍国主義を鼓舞するような形でしょ。実際に私の叔父もいとこもいるんですよ、あそこに。しかし、あそこに行ってお参りしようという気にはなれません。だって、自分のうちにだって、位牌があるんですから。自分のうちで拝んでいればいいと思ってる。しかし、こちらの無名戦士の墓、こちらは大事にすべきじゃないかと思っています。

近藤：どうも、ありがとうございました。
鶴田：つたない話でどうもすみません。

2015年6月13日ビデオ学習会　731部隊員の証言シリーズ／第1回（2）
初出：NPO法人731資料センター 会報 第14号 （2016年3月3日発行）

元731部隊員第2部5課（ペスト菌検索班）

川口七郎さんの証言

（1997年取材）

731部隊第二部五課ペスト検索班所属
1918年6月生まれ。石井四郎隊長の郷里で「731の村」ともいわれる千葉・多古町の出身。兄も妹も隊員で『〔証言〕七三一石井部隊』の著者郡司陽子（仮名）は妹うた。郷里の知己が多いので秘匿の事実にも通じていた。
　任務は専ら安達演習場での人体実験。特にペストの投下実験。

今回は元731部隊員で、川口七郎さんという方のお話を視聴していただきます。

この方は、731部隊の第2部の第5課、菌検索班の班員だった方です。731部隊は、ご存知の通り、総務部、第1部、第2部、第3部、第4部とありまして、資材部、教育部、診療部と組織だっていましたが、そこの2部ですね、2部というのは細菌戦の実施研究をしていた、実戦、実際の攻撃の研究、細菌兵器を使った攻撃の研究を主にやっていたセクションです。人体実験を野外でやるために、安達実験場という施設を持っておりましたし、細菌兵器としてのノミとか、そういう昆虫類の研究もこの2部でやってました。それから実戦で使う飛行機を操縦する航空班も2部所属です。そして、植物の破壊菌を、例えば黒穂病菌、稲に取り付いて病疫をもたらす病原菌なんかの研究をやっていたのもこの2部です。部隊のロ号棟の脇に大きな畑がありまして、そこで植物の病原菌の研究をやっていましたが、そこの班長はついでに言いますと、戦後のペニシリン協会の会長ですね、その人が、主だってやっていました。

川口さんは、その2部の中で管理していた安達実験場、ハルビンからハイラルへ行く列車の途中に、安達（アンダー）という駅がありますが、現在大慶油田になっている、かなり広い草原地帯ですね。ほとんど人家がないという所で、細菌爆弾の実験をやったんですが、そこの実験の菌検索をやってた、ペストの菌検索をやってた方です。

この方は、1997年に初めてお会いしたんですけれども、取材に行ったら、全く拒否で。

この方のきょうだいとか、義理のお兄さんなんかも、部隊に行ってたもんですから、そちら側から、まず妹さんの方を説得して、取材させてもらって、そちらから川口さんに声をかけてもらって、2～3度行くうちにようやく何とか口を開いてくれた。

1997年というと、まだそんな状態で、もうほとんどの関係者が部隊について語らないというような時代でした。このビデオの画面の中で図面を見ながら話をしてますけれども、今お手元にお配りした書類の中に、後ろから2枚目にコピーがあります。これが安達演習場の戦後残っていた状態を、東北人民政府の衛生部が調査した時の記録です。それでは、ビデオ上映の後にまた解説します。

証言ビデオ

〔　〕は編者注

〔東北人民政府の調査による安達演習場の図を見ながら〕

川口：ここに大きな滑走路があったんですよ。これは違うんでしょ。

近藤：ええ、こっちは違います。

川口：地下操作室、平地、車庫、消毒室ね。薬局、食糧庫、厨房。

この操作室というのは、我々が寝泊りしていたところかね。

近藤：あ、そうですか。

川口：こういうように入ってね。22 m、これが。こんなもんだろうな。

近藤：消毒室はこんな風に離れているものなんですか？

川口：え、消毒室は離れています。えー、こういうのはちょっと分からないな。

近藤：これは、戦後の、焼き払って帰ってきた後の状態ですから、無くなっている所もあるんじゃないかと思うんですけれども。

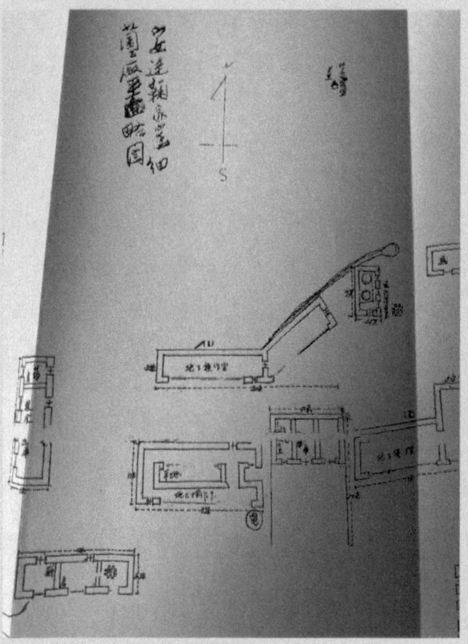

「安達鞠家窰細菌工廠平面略図」

川口：うーん…

近藤：こっちが安達ってあるから、安達の駅はこっちですかね。

川口：そうですね、安達の駅から結構あるんですよ、現場までは。トラックで30～40分はかかるんですよ。

近藤：そんなにかかるんですか。

川口：この、全部が2km、2kmじゃ、きかないんだろうな。4kmぐらいかな。全然、人家が無いんですから。本当の野原。本当の野原なんですからね。
近藤：そこに地下にあるような感じなんですね。こういう風に地下に、これが天窓、これ何っていうですか。下に地下室ができている。
川口：そうですね、地下室という地下室じゃないもんね。
近藤：塹壕のようなものなんですか。
川口：大きく削ってあるような所にね、高さもそんなに高くはないし、通路があってここへ、こう寝泊りしていたもんですから。
近藤：周りは人家も何も無いんですか？
川口：この周辺には、何にも無いわけよ。兵隊がこれ警備していますから。入れないから。
近藤：原っぱを。
川口：本当の原っぱ。
近藤：柵は無いですね。
川口：柵は無いの、これっていう柵は無いの。これっていう柵は無いんだから、ここに第１警備があって、あとの警備は遠くに、ずっとこう兵隊が。
近藤：歩哨が立つんですか。
川口：ええ、立ってる。実弾込めた。
近藤：はあ、鉄砲持って立ってるんですか？
川口：ええ、そのほか確か、馬で連絡取っていたんだろうって言うんだけれどもね。
近藤：馬でねぇ。
川口：私どもは本当の仕事が無い時に、畑のって言うか、野原の中をトラックできじ追いをやったり、兎とりをやったりした覚えが１～２回ありますけれ

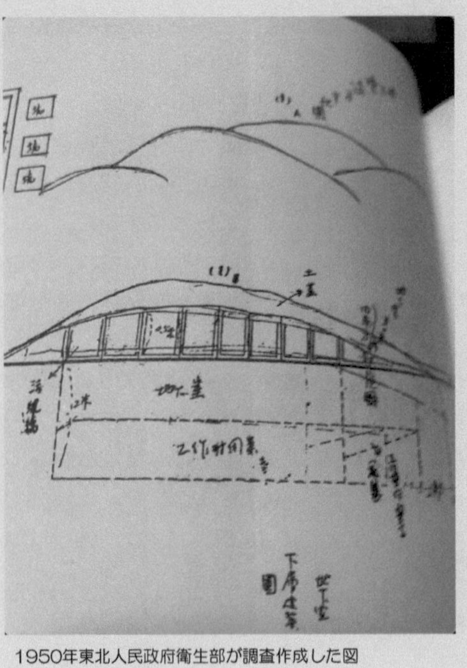

1950年東北人民政府衛生部が調査作成した図

安達の滑走路跡

どもね。

近藤：こっち側に飛行場というか滑走路。

川口：滑走路、滑走路って言ったって、飛行機が来れば、もの凄い砂煙、これって言う滑走路じゃないんだ。ひどいもんですよ。

近藤：順番に伺いますと、例えば、今日実験をやることになると、まずどういう準備から始めるんですか？

川口：みんなそれぞれに決っちゃっていたからね、その班によってね。検索班とかね、我々は菌を検索するちうことだけ。

近藤：その検索班にいらしたんですか。

川口：ええ、検索班。

近藤：あと、どういう班が他にありましたか？

川口：あとは、どういう班があったんだろうねぇ。消毒班とか、拘置班とかいろいろあるんだろうね。その前にこういうような丸太を立てておくねぇ…

近藤：杭を？

川口：杭を立てる班もあったし、我々はそういったことは全然分からない。

近藤：例えば、今日実験をするぞというと、その日にマルタを運んでくるんですか？

川口：そうですよ。

安達　マルタの留置場跡

近藤：前々から置いとくわけじゃなく？
川口：前々からはとんでもない話。絶対置いておけません。
近藤：マルタを留置するような監獄は無かったのですか？
川口：無いと思ったね。そういう所は無さそうでしたね。
近藤：普段からずっとマルタを留置しといて実験するときに使うんじゃなくて、いちいち運んだんですか。
川口：そう、そう。
近藤：それは、何で運んでくるんですか？
川口：トラック。
近藤：はぁ。
川口：トラックですよ。
近藤：飛行機で運んで。
川口：トラックか飛行機。飛行機でここまで来るか。ここからここまでだって結構ありますからね。
近藤：1回の実験で何人ぐらいのマルタ？
川口：私の記憶しているのは、多くて12、3、大体、普通10人どまりですね。

それで、こういうような、仮にこれが演習場だとすると、ここに白い布でこういうような標識があるわけですよ。

近藤：十の字？

川口：十の字。布でね。そこへね、無線で連絡取り合いながら、それで間違いなく中心点に飛行機が進入したんだというところで投下したんじゃないでしょうか。そういったような具合でしたね。

近藤：その白い文字の十文字が目標？

川口：目標なの。

近藤：マルタはどういう風に並べるんですか？大体は、目標から。

川口：どういう風に並べてあるか。

近藤：杭を立てますよね。

川口：その杭が結構離れているからねぇ。

近藤：あ、そうなんですか。

川口：近場じゃないから。

近藤：その目標近くじゃなくて？

川口：ええ、ここに杭が1本あるでしょ。そうするとここ〔目標〕までの間が結構あるんですから。確か80 mぐらいはあったと思うな。いや一もっと狭かったかなぁ。80 mぐらいあったかなぁ。

近藤：はぁ、80 mぐらい間隔にその杭を。

川口：ええ、杭がこう打ってあるわけです。幾つかね。そして中心点はどこだというのはその布が記してあるわけ。

近藤：マルタをどういう風にしているんですか、杭に？

川口：十字架ですよ。（身振りで示しながら）

近藤：裸で？

川口：裸ではなかったなぁ。裸じゃ、とてもじゃないけど、あまり暑いときには、やれないからねぇ。裸じゃないですよ。

近藤：落とすのは爆弾？　どういう。

川口：だから、私どものやっているのはペストの方だから、いわゆる瀬戸物爆弾みたいなやつだよね。

近藤：宇治型爆弾とか。

川口：そうそう、こんなものに（手を広げて大きさを示す）ノミがいっぱい入っておった。

近藤：それを投下すると大体どうなるんですか？飛行機がビューっと目標に向かって飛んできて、こう落としますね、目標地点に。そうするとどうなっちゃうものなのですか？

細菌弾の実験で記録をとる写真班員ら

川口：瀬戸物ですから、粉々になってボァーと飛び散るわけ。
近藤：ノミやなんかは？
川口：ノミなんかはそのまま、どういうように飛び散っとったかね。
近藤：見たことないですか？
川口：ノミは見たことない。ノミは入っていることは間違いないけれども、それどころじゃない、我々は。
近藤：どういう作業をされるんですか？
川口：仮にこう番号が振ってありますから、自分の行くところはここへ行くんだということになると、その人体のどことどこに赤点がついたとか。
近藤：マルタに破片がどこに付いたかと。それぞれ担当箇所が決まっているんですか？
川口：そう、全部決まってんの。
近藤：番号がついてて？
川口：ついてて。
近藤：自分の担当番号の所にスーッと飛んで行って。
川口：自分の担当番号の所へ行って、どの位の破片が付いていて、どうだったかを調べてくるんだ。
近藤：それは、書くんですか？　どれだけ破片が付いているかは。
川口：だいたい人体の絵が書いてあるから、ここに付いたとか、ここに

付いたとか、ここに付いたとか、チェックすればいいだけだから。
近藤：そういう図面があるんですか？
川口：図面があるわけ。すべて細菌はそうですよ。部隊本部のハルビンの平房におっても、この位の部屋に閉じ込められているわけ、何人かはね。そこへ何匹かのノミを放すと、そうすると、どことどこをやられたっていうことは必ず分かっていますから、何百何号はここへ刺されたとか、どこへ刺されたっていうことがすぐ分かる。
近藤：記録するわけ？
川口：そう、そう。
近藤：検索班というのは、それをやることなんですか、仕事は？
川口：それが仕事。
近藤：確実に破片が付いてるものなのですか？
川口：そうですね、付いてはいますね。
近藤：目に見える？
川口：目に見える、それは、破片ですから。
近藤：爆弾の破片？
川口：瀬戸物の破片だから。
近藤：もちろん、瀬戸物の破片には菌が付いているわけですね？
川口：付いているわけですよ。ペスト菌なんていうやつはそんなに強いもんじゃないからな。体内へ入ればおっかないもんだけれども。外じゃそんなにおっかないというほどのもんじゃない。
近藤：どんな格好をしてやるんですか？
川口：まず、こういう自分の作業着を全部脱がされちゃって、それで、防菌衣っていう絹でできた上下続きの作業着を着ますよ。その上へ今度は防寒具っていうですか、もう一つゴムの厚い防毒面まで付けたものを着るわけですよ。風は全然入らないし、寒くはないですよ。絹でできた上下続きの作業着があるでしょ。あれのいいのがあるんですよ。
近藤：手袋は？
川口：無論、手袋はもう。中のと外のと二つ持ってね。外の大手套ってやつではとてもできないから、小手套の方であれば書けるから。
近藤：マルタの人体に破片が付いているのだけですか？検索するのは？
川口：その他に、このマルタの何mぐらいの所に、だいたいの目測ですがね、こういう破片があったとか、こういう破片があったとか、5ケ所ぐらいもの、そういうもんはあんまり関係ないけどね。一応記録を出さないといけないから。こういうように散らかっておったということをね。

近藤：一度の実験で何人がかりぐらいでやるもんなのですか。検索班は何人ぐらいなんですか？

川口：検索班でね、8人から10人位でしたね。私も実際それに就いたのは3回位しかなかったけどね。それで、資料を持って帰ると、ここへ来るまでですか、試験場から。

こういう消毒班が、もう二つあるんだよ。これは最後のです。

近藤：3ヶ所あるんですね。消毒班が。

川口：ここで〔消毒剤を〕頭からジャブジャブに被って、またポトポトポトポト歩くともう1回ここでやるんですよ。

近藤：その消毒を。

川口：消毒を。

近藤：その頭からジャブジャブってどういうことですか？

川口：上からジャーと、じょうろの逆さまにしたのからジャーと。そこに立っていなければならない。

近藤：消毒液をかぶる？

川口：ええ、消毒液を。

近藤：防毒衣を着たままやるわけですか？

川口：そう、そう、そう、防菌衣を着たまま、これをやって、それでまたトボトボ歩いてここへ来るんですかね。(3ヶ所目に) ここへ来て簡単な消毒をして今まで着ていた物は全部〔脱ぐ〕、越中〔ふんどし〕まで取られちゃんです。それでお風呂へ入るわけ。20分間ね。

近藤：そんなに入るんですか？

川口：20分間、みんな坊主頭ですからね。今だにまだクレゾールのお風呂が恋しくってね、あの臭いが大好きでね。クレゾールの臭いが。だから我々なんかは平房に帰ってきてもノミに食われませんよ。ただ、悪いことには、休みの日に戦友なんかとハルビン市内へ遊びに行きますよね、そうすると臭いが付いちゃってんだね。「あんた何々部隊のものだね」って言われちゃう。

近藤：最後にお風呂に20分入るのは消毒のお風呂なんですか？

川口：消毒よ、普通の風呂じゃないの。消毒をしてそれから自分で裸になってそれをきれいに、薬を寝せるためにちょっと入りますね。

近藤：隊員の方で感染しちゃったっていう事故は起きなかったんです

か？

川口：隊員にはないねぇ。聞き覚えがない。ただ、部隊本部から加給品って言って、羊羹じゃ、タバコじゃ、何じゃ、かんじゃと言って、それを運んでくる兵隊がいるんですよね。こういった人がやられるんだよね。なぜだろう？　そうするっていうとやはり菌はうろついているんだろうなということしか考えられないよね。

我々は、そこ〔安達〕へ行く前に１週間に一ぺんずつ予防接種をしますしね。自分でやりますからね。そうでないと、本人がやられちゃったんじゃ何にもならないからね。だから、よく、衛生兵なんですよ、そういった人が出張で持ってくるわけ、加給品っていうのをね。羊かんだとかね、飴だとかね、タバコだとか、そういう物を運んでくるわけ。そういう連中がやられたということは２、３回聞いたことがありますけどね。あと、部隊本部ではね、月２人ぐらいの犠牲者はよく出るんですよね。よく知らないけどね、私はね。

近藤：実験が終わって破片などを調べて、地面なんかに散った物をどうこうすることはないんですか？

川口：ない、そんなことはない。まぁ、私の班ではね。脾脱疽（ひだっそ）菌なんかの試験の時はどういう風にしておったかね。あの菌は強い菌だから。100度に消毒しても死なないって日もあるんですから。ペスト菌なんていうのは、ちょっと天気が良かったら、日光のところへ布団をよく干しますね。あれでも死ぬような場合が多いですから。

ペスト菌なんかは体に入る前は本当に弱い菌なんです。入った場合は強いけど。脾脱疽菌だとこういうところにできる（肩の辺りを指す）、あれは大体、牛か馬にできる。

近藤：その菌ごとに担当が違っていたのですか？

川口：あー、全部違う。菌によって全部違う。担当は全部違う。

近藤：検索班でも違うんですか？

川口：違う。将校でも何でも全部違います。

近藤：第２部の第５課っていうとこに、菌ごとに班があるんですか？

川口：菌ごとに班はない。私の第２部第５課はペスト専門でした。

近藤：実験が終わった時、マルタはどうするんですか？

川口：マルタを、またトラックへ積んで部隊本部まで持ち帰るとか、そちらの方で調べがあるんだろうからね。

近藤：それは、もちろん防菌衣を着た人たちがやるんですね？マルタを運ぶやつ。
川口：そう、そう、そう、そう。
近藤：感染しているでしょうからね。危ないもんですね。
川口：そんなに馬鹿におっかないものではないんですよ。ペスト菌なんだから、体内に入るまではね。おっかないかも知れないけれども、入っちゃったら、どうっていうことないんだしさ。
近藤：マルタには、それは本人たちには因果を含めてあるわけ？
川口：因果を含めてあるっていうのは、当時は支那だから、そこで、全部の刑務所で死刑に決まった者がうちの部隊に来るわけ。死刑囚が来るわけ。
近藤：特移扱いっていうやつですね。
川口：そう、そう、そう。普通の者じゃダメ。死刑に決まった、もう国へは帰れないんだと。死刑を執行されているんだか何だか分からないけど、そういう風にして、それが試験材料。
近藤：抵抗するマルタはいなかったのですか？
川口：まぁ、ないね。
近藤：試験しようとする時に暴れるとか？
川口：なんか、そんなことちょっと聞いた事あるけど、私どもが扱っていた者には、そんな者はなかったねぇ。最後に部隊が戦争に負けたときに、暴れたというような噂をちょっと聞きましたけどね。
近藤：それは、本部でですよね。
川口：それは、本部でね。それでもう、大体、日本の負け戦は分かっていたんじゃないでしょうか。しばらく、安達へ行かないものね。大体1週間ぐらいずつ、1週間おきに行ってたもんなんです。それが、ここんところ、全然無いなって言ってたんですからね。
近藤：実験されちゃった、実験されているということは知ってるんでしょうかね？
川口：マルタですか？
近藤：ええ
川口：そこへ引っ張り出されれば分かっているんでしょうなぁ。どういう実験されるか。
近藤：なんか囚人服みたいのを着てたみたいですけど。決まりの服があったんですか？
川口：決まりの服があった。

安達演習場入口にある看板

近藤：何色？

川口：ねずみの濃い、よく中国服があるでしょ。こういうような色（そばのカーテンを触る）。

近藤：はあ、はあ。もちろん手錠は？

川口：無論、手錠、足かせと両方ですよ。一ぺん、ずいぶん問題になったことがあるんですからね、逃げられたことがあるんだからねぇ。足かせをしないで。

近藤：ここ〔安達〕で、いざ実験しようとして？

川口：ここではなくて、本部で。本部のどこだかは知らないけれどね。とにかく、すぐに射殺したという、命令会報っていうのがあるんですよね、それにそんなことが一ぺん載ったね。

近藤：命令会報に載ってました？

川口：載るんですね。

近藤：脱走しようとして、射殺した。

川口：そう、射殺した。

近藤：年齢もいろいろ、ですね、マルタは？

川口：そう、そう、そう、決まってませんよ。とにかく死刑囚なんだから。どっちにしても。

近藤：女性はいませんでしたか？

川口：女性も居たって話ですがね。女性は白系ロシア人が居たって話ですよねぇ。警備員がいたずらをしたっていう様な噂もあったぐらいですからね。女性も入れたんです。そういうのはスパイ。白系ロシア人は大体スパイのようでしたね。
近藤：実際にこの安達で女性のマルタを見たことはないですか？
川口：無い、無い。
近藤：子供は居なかったですか？
川口：ありません。やっぱり30代のしっかりした人ばっかりでしたね。
近藤：いわば、抗日軍の面構えが良いような？
川口：抗日軍の仲間と言うか、昔の支那ですが、やはり、泥棒、かっぱらい、いろいろな悪いやつらもおったりして、そういったのが、裁判にかけられて、死刑になった人間が、支那全国からうちの部隊へ来てたんですから。1年中、700人ぐらいいたんですからね、という話ですがねぇ。
近藤：飛行機はどの位の高さから落としてましたか？
川口：さぁ、それが、よく分からないなぁ。
近藤：いよいよ、これから始めるということになると、十字の杭に縛り付けて、それで無線で連絡して。
川口：無線で連絡して少し旋回をしながら、進入なら進入OKっていうことになって、そこで…高さっていうのは記憶ないなぁ、私はねぇ。
近藤：もちろん、見えますよね。
川口：もちろん、近いです。
近藤：で、落としたらスーッと、また飛んでいっちゃうんですね。
川口：そう、そう。100mも無いと思ったけどなぁ。私の勘ではねぇ。それで爆弾投下終了。それには全部、旗で印されているんですよ。今、投下されたと。投下されたら、何分後にどういう旗があがったならば、計尺しろと。ということになってた。(計尺開始になって)バアーといったから。すぐにそこへ行けるじゃない。何分か経ってからそこへ行って自分の持ち場のところへ行くと。
近藤：どうして、間があるんでしょうね。すぐに行かない？　旗は誰が出すんですか？
川口：それは、指揮班の方から出ているんですかね。
近藤：旗を見て行くわけですか？こっちは防菌衣を着て待ってる。
川口：もう、これ〔眼鏡の部分〕だけしか見えないんだから。そちらの方から連絡があって、OKの印が出てからボトボトボトボト、まるっきりもうねぇ、防菌衣二つ着るとね、近藤：動きにくいもんですか？

川口：ああー、動きにくいなんていうもんじゃないね。よく、こんな馬鹿なことをすんなぁって、思ってね。思いましたけどね。私は元々、軍隊と言うものが大嫌いだったの。軍隊と言うのが大嫌いで、23かな4歳かな、その時に、私のいとこが町で兵事係というのをやっとってね、「もうどうあってもお前、軍隊行くようだよ」って言われて。ということで東京の軍医学校へ行って試験を受けたんですけどね。兵隊というのは大嫌いでね。

近藤：軍医学校の試験は何年？

川口：昭和16年だったかね、15年だったかな、軍医学校の試験受けたのは。48人試験受けたんですよ。それで、16人合格したんですよ。

近藤：何月ごろ受けられたんですか？

川口：5月中頃かな、日本を出たのは。

近藤：試験受かったらすぐですか？

川口：うーん、すぐじゃない。東京でちょっとね。

近藤：軍医学校で勉強して。

川口：ちょっと。ほんのちょっとですよ。基本的なもの。で、洋服からなにから全部一揃い作ってくれて、旅費までつけてくれて、何日までに行きなさいと、いうことに。

近藤：その16人全員一緒に行ったんですか？

川口：一緒に行ったんじゃないの。みんな別々で、何日までに着けばいいと。

近藤：それは、ハルビン？

川口：ハルビン、平房へ

近藤：平房まで直接行ったんですか？

川口：そう、そう、そう。

近藤：それで、すぐ配属は決まったんですか、2部5課へ。

川口：そう、そう、そう、すぐ配属決まったんで、まぁこれは事務員じゃないけれども、とんでもないところに配属されちゃったわけよ。というのは、そこに同級生がいたんですよ。

近藤：え？

川口：私の同級生が。

近藤：小学校の？

川口：うん、それが動物班のマウスを飼っているところに。ラッテかな。

「当分ここにいてくれよ」なんて言うから、なにかな、「当分ここにいてくれよ」って、おかしなことを言ってるなと思ってね。それで、1ヶ月か2ヶ月いたらそこを出されて、防疫給水部、300人ぐらいの部隊が関特演というのにそこへ配属された。そこへ行って初めて検索班という班へ配属されたわけ。腸管系のね、腸チフスとかマラリアだとかね、そういったもののね。苦労しましたよ、だから。何にも知らない者がね、でも幸い、私の付いてる荒井見習士官っていうのが、満州で博士で軍医見習士官というのがとてもかわいがってくれて、仕事が終わるとその部屋へ呼びつけられて、勉強させられましたけどね。

近藤：その動物班の同級生の方というのは、妹さん〔動物班に勤めていた〕と一緒だったわけですね。

川口：妹の方が早いの、えーっと妹と同じかな。私よりは早いの、とにかく。「よーオ」っと言うもんでね。それが去年亡くなっちゃったんですよ。

近藤：そうですか。その方も、ずっと部隊に終戦までいらしたのですか？

川口：その男は関特演にはひっかからなかったのかな。ずっと平房の731の方にいたんじゃなかったかな。

近藤：やっぱり、あそこの、同郷の多古町の出身で？

川口：うん、すぐ近所、ここから駅まで行かないぐらいのところに（住んでた）、仲のいい友達だった。

近藤：それで、南方の野戦防疫給水部ですか、南方の方へも行かれたんですね？

川口：私ですか？私はフィリピンに。

近藤：その時の防疫給水部長は誰でしたか？

川口：竹中少佐って言ったかな？

近藤：竹中さん？

川口：うん、竹中少佐っていうのも私、余り気に入らなかったんですよ。竹中少佐は少佐なんですから、その上に軍属で中佐階級の鈴木技師って言うのがいたんですよ。これが、千葉県人だったんです。

近藤：スズキヒロユキ（鈴木啓之）さん？シゲオ（鈴木重夫）さん？

川口：ヒロユキだったかな、名前は知らないけど。これは、英語で講演なんかをするような男。うちの部隊長とこれとは頭の程度も違うのかな。こっちは軍医さんですから、こちらはたいしたもんですよね、中佐階級の軍属ですから。この男がまた私を特別にかわいがってくれてね、マニラのモンテンルパの手前に宿舎があって、ここで同じ部屋にはとってもいられませんけれども、夜になると呼び出されるんですよ、わたしが。で、2人であっちのダンスホールだとか、あっちのアイスクリーム食べに行こうか、何しようとか、年中誘われていたの。それが、こちらの本当の部隊長が気に入らなかったんだよね。で、部隊長が来られて、私を呼びつけられたの。部隊に。それでビンタを一つ、つられたんだよ。軍医のビンタですからね、まるきり本物のビンタとは思えないようなビンタなの。

近藤：へぇ、そうなんですか？そんなに違うものなんですか？

川口：全然、問題じゃないよ。兵隊同士のビンタなんていうのはね、自分の手が痛くなるほど、スリッパでやったりするぐらいですから、この部隊長のやるビンタなんていうのは、楽なもんなの。

　その鈴木技師の使っている男で、薬剤大尉が居って、この男が私にその辺の草から何からね、学名と何名っていうのが、その草にはあるでしょ。その押し葉を作ってくれまして、というのは案外、宝物がしゃくれたものですからね、それで年中向こうの現地人と同じような格好しちゃね、それをやっとったりしてね。

近藤：部隊に、731に、帰られたのは何年ですか？

川口：それでね、そうやってるうちにパラオまで行ったんです。この間、お話したけど、思い出せなかったけど。パラオへ行ってニューギニアへ行く予定だったの。パラオまでうちの部隊も行ったんですが、そっからはとっても激しくて行けなかったわけ。それでパラオから6隻の輸送船で広島へ帰ってきたわけ。

近藤：行ってたら大変なことでしたね。広島から、それで、すぐ平房ですか？

川口：それで、ここの寒川へ帰ってきて、どうしようかなと思って、もうあんな生活じゃ嫌だなと思っていたんですが、「どうあっても、もう一ぺん帰れ」っていう通知があったんですよ。「帰れたら、ぜひ帰れ」っていう通知があったんで、でまた、731部隊へ帰っちゃったんです。出る時は優しい声だったんですけど、着いたら、「よく今まで国で遊んでいられたね。」って判任官にがっちりお説教喰らっちゃってね。それが終わってから、第5課へ配属になったわけ。

近藤：その時の課長は西田さん？西田（重衛）さんが課長ですか？

川口：そう、そう、そう。去年亡くなったかな？

近藤：こっちの方ですよね？　横浜かどっか。
川口：辻堂。茅ヶ崎の次の辻堂っていう駅のちょっと海岸よりの所にいたんですよ。
近藤：ああ、そうですか。
川口：その時に、〔戦争の〕終わる時はもう少佐になっちゃっていたから、私より、生きてればもう84、5歳になっていたんじゃないの、だろうと思うがね。いい軍医でしたよ。彼は虫屋〔昆虫担当〕じゃないんです。細菌屋じゃないの。内科が専門なの。
近藤：あ、（資料を見て）ホントだ。診療所長をしていらしてたんですね。辻堂で。83歳ですね、去年82歳。
川口：あ、そう。とにかく、その時だね。
近藤：富山の出身なんですね。
川口：富山、そうですね。帰ってきてから大阪、阪大の方で少し勉強してね、博士号を取って。
近藤：5課配属になったのが、何年ですか？昭和。
川口：うーんっと、終戦の1年前ですね。19年だと思う。
近藤：19年の時は第2部の部長さんは？
川口：碇中佐。もう、碇中佐なんかもいないのかな？
近藤：亡くなったそうですよ。
川口：そうですか。もう、思い出すような有名な将校もいないようですね。巽少佐なんてありませんか？
近藤：巽さんですね。巽庄司さん。
川口：この人は同じ少佐でも、西田少佐よりもちょっと先輩かな。
近藤：はあ、2部にもいらしたことがあるんですね、巽さんは。
川口：いた、いた。最初この人が課長だったんだから。
近藤：あっ、そうですか。5課の？
川口：5課の。
近藤：1部にも居たことがあって、それから2部に。大阪の池田でお医者さんやってたんですね。
川口：そうですね。この人が脾脱疽という菌にかかったことがあるんですよ。半年近く入院してたんじゃないですか。半年までいかないかな？
近藤：前歯が義歯だって、鼻にね、小豆大のほくろがあって、
川口：ちょっと、でぶっとした男でね。人当たりのいい人だったけれどね。西田少佐と違ってね。西田少佐っていうのは、人当たりが悪いような

タイプだったけど。付き合ってみるといい男でしたよ。特別私をかわいがってくれたりしてね。

近藤：あの、西田さんとか巽さんなんかは昔の写真を見たら顔分かりますか？

川口：昔の写真を見れば分かりますよ。

近藤：今度、持ってきますね。どの人か。京都帝大出身で、部隊に入ってから最初、高橋正彦さんの下で第1部にいて、その次に、碇中佐の下に来たと。

川口：じゃぁ、軍医としては優秀な方だったんだろうね。731に引っ張られんのは大体優秀な将校が多かったからね。

近藤：そうみたいですね。〔手元の資料を見て〕82ですね。巽さんが、もし健在ならば。

川口：西田少佐より一つ上じゃないかな、歳が。

近藤：あ、そうですか。

川口：だと、思ったがね。それとも、西田少佐は、虫屋の方じゃないから、階級が遅れたかどうかは知らないけれども、巽少佐の方が右翼だったんですよ、ちょっとねぇ。

それで、5課へ配属されて、私も馬鹿だったんだねぇ。庶務の方へ回されたんですよね、庶務へ回されたのが気に入らなくてね、ろくな仕事やらなかったの。そしたら、何ていう事務員だったかな、「お前は家族持ちだから、わざと引っ張ったんだ。俺の気持ちが分からないのか」、って大分お説経喰らったことがあったんですよね。やっぱり、軍隊来て、庶務なんていうのはね、どうもおもしろくないって言ってね、それで研究室の方へ入ったわけですよね。庶務の方へいればよかったんだけどね。

近藤：それがペストの担当だったですか。

川口：そう、そう、そう。

近藤：それは、どこの班なんですか？高橋班ですか、巽さんの班ですか？

川口：巽さんの班っていうんではないですよね。

近藤：高橋さん？降旗さんとか？

川口：降旗かな、よく覚えはないけれども。とにかく、そういうような試験〔細菌実験〕をする時に、5課の人間が引っ張り出されるということなんです。

近藤：安達へ行ってない時は、普段はどこに勤務するんですか？

川口：５課に勤務しますよ。

近藤：その２部の５課はどこにあったんですか？ロ号棟？

川口：うーん、ここが正面玄関で、ちょっと入った所にここにマルタの収容所〔７棟〕があって、ここからずーっと15分かかるんですよ、歩いて。それでこの辺にあったの。ここが飛行場なの。

近藤：航空班の近くですね？

川口：ええ、ここに、飛行場があったんですから、ここからこう。

近藤：航空班よりもっと北ですか？

川口：もっと北。

近藤：田中班の方ですか？

川口：えー、今それを言われてもはっきり、分からないけれどもねぇ。細菌の製造はこの辺でやっていたような感じですよね。正面玄関からこう入って行くと、…とにかく結構歩いたね。そこが第５課なんです。

近藤：じゃ、航空班の所も過ぎて、ずっともっと行くわけですね。

川口：航空班はこの中にはありませんよ。

近藤：ええ、外ですね。有名な３本煙突、大きな。ボイラーの、アレを右に見て行くんですね？

川口：アレを右に見て行くの。終戦の時に、あそこへ写真を持ってって、兵隊を１人連れてって、写真を全部焼いた覚えがありますから。

近藤：もったいなかったなぁ。

川口：リュックサックへ何本ぐらいあっただろうなぁ、それがねぇ。ああいう所へ行くと兵隊よりも軍属の方が、偉いわけじゃないんだろうけれどね、いろいろな指示するのが、兵隊に向かって指示できるんですよ。我々、軍属の方が。

近藤：なんか、ここは兵隊さんより軍属の方が偉いですね。

補足説明：近藤昭二

今のビデオの、補足説明をちょっとさせていただいて、何かご質問がありましたら、お答えします。聞いてて、気になったところをまず、お話しますと、731部隊でマルタにされた人たちは、死刑囚だと言ってますね。「死刑囚なんだから、死刑囚なんだから」と言ってますけど、実際には死刑の処分を受けるような裁判を通じて来てはいないわけです。

当時の陸軍の仕組みで、厳重処分と言う規定があったんですが、これは死刑のことです。憲兵隊が特に使っていた規定で「厳重処分にすべし」と言うと、死刑にするということなんですが、その厳重処分と別に、憲兵隊の司令部で考え出して作り出した規定が“特移扱（とくいあつかい）”なんです。「特移扱にすべし」という司令官の決定が出ると、これは裁判も何も無条件に731送りになるという意味で、石井四郎以下幹部連中は配下の人たちにみんな「死刑囚なんだから、死刑囚なんだから」と言って、そういう身の上なんだなと隊員は思っていましたけれども、実際にはこれは厳密な司法的な処分、裁判にかけられて死刑に決まったわけではありません。

それから本部でマルタの暴動があったんじゃないかと、脱走しようとして全員射殺されたという話が出てきます。なかで終戦の時に逃げ帰るのに証拠隠滅するためにマルタを処分したときの暴動じゃないかという話、暴動に近いというか、抵抗はあったことは終戦の時もあったんですけれども、実際には、森村さんの『悪魔の飽食』の中にも、この暴動事件のことが出てきますが、昭和16年の9月か10月のことなんですけれども、7棟、8棟という、その特別監獄ですね、マルタが収容されてた7棟の2階で、看守の隙をついて、手錠を外してですね、仲間の別の房に行って、仲間を助け出したりして、それが廊下へ飛び出して暴動になったという件があったそうです。どうするっていうことになって、たまたま大連の出張所の総務部長で目黒正彦さんという人が、ちょうど731の本部に来ていまして、そこに、たまたまいた部屋に、殺虫剤のクロルピクリン、それが置いてあって、あわてて大騒ぎになって、特別班の連中、看守ですね、7棟、8棟の看守がみんなピストル、モーゼル銃をぶら下げていますけれども、その銃を突きつけて、抵抗するマルタたちを見張っているというような、対峙し合っているような所へ、そのクロルピクリンで一時的に抵抗を抑えるつもりだったようなんですけれども、実際には噴霧しすぎて全員殺してしまったという件があったそうです。それは、この目黒という総務部長から直接聞いたことがあります。多分、その暴動のことではじゃないかと思うんですけど。

それから、動物班へ行ったら小学校の同級生に会ったという話が出てきましけど、この方は千葉の石井の郷里の加茂に近い多古町の出身でですね、その辺りから大勢、石井は731部隊に連れて来ているんですね。で、この方のその同級生も、同じ動物班には妹さんも来て、妹さんのご主人というのも、多古町から731に来ていて、いわば秘密保持のためにですね、身内に近い連中ばっかり集めてた。

大工の鈴木組というのは、731部隊の建設に関わっているんですが、その鈴木組の建設会社の棟梁も石井の親戚ですし、鈴木組という大工さんのグループもほとんどが多古町の出身で、この川口さんの妹さんの旦那っていうのも多古町出身の大工さんでした。それで、奇遇というか当然のように出くわしたわけです。

それから巽少佐っていう話が出てきましたけど、脾脱疽菌に感染して、半年ぐらい療養してたというのは、炭疽菌のことです。後でご説明しますけれども、安達の演習場では、炭疽菌の実験がかなり多くやられたみたいで、その炭疽菌の実験についての証言はかなりあります。

今回は、安達演習場という実験場をテーマにしたんですけれども、あちこちの本で安達実験場と言われていますが、実際には、公文書的には当時、安達特別演習場というのが正式な名前です。安達特別演習場についての証言は、この人ばかりじゃなくて、ここにお配りしました資料は、安達について証言があるものをピックアップしたものです。4枚目のプリントの「安達県の住民の証言」です。

安達の演習場の近くに住んでて、近くと言っても、トラックで40分以上離れた安達駅の近くの市街ですね、県城の中しか人家がほとんど無くて、演習場の近くにはポツンポツンとしかないそこらに住んでいた人の証言を今の平房の731部隊罪障記念館の前の館長さん、金成民さんの前の韓暁（かんぎょう）さんが実際にそこらを歩いて回って、証言者を探し出して、聞いた証言なんですけれども、これが『「731部隊」の見聞と証言の記録』という本にまとめてありまして、ABC企画委員会から出ている本の中からピックアップさせてもらったんですが、この翻訳をされた山邊さんが今日いらしてますんで、折角ですのでもし何かお訊ねの件がありましたら、後ほどお訊ねになってください。

この近所に住んでいる人の証言によると、1940年に工事が始まったというのと41年に始まったというのと証言はまちまちなんですが、1950年になってですね、中国の東北人民政府の衛生部が、ちょうどその前の年の1949年にハバロフスク裁判というのがソ連であって、東京裁判で細菌戦の関係者が裁かれなかったのを不満に思うソ連が独自に、自分たちのところで捕虜にしていた関係者をハバロフスクで裁いた裁判があるわけですが、それを世界的にアピールしたんですけれども、その判決が出た直後に、やっぱり天皇と731の石井と大田総務部長、菊池研究部長なんかは裁判に訴追すべきだということを世界に色々な形でアピールするわけですが、その時に、スターリンと周恩来が1949年のハバロフスク裁判の後に会談するんですね。そこで話がまとまって、中国に対する戦犯をかなりたくさん捕まえているから、中国に送るから調査してくれと言って、その翌年（1950年）の7月に969人の戦犯がソ連からハルビン、太原、撫順戦犯管理所に送られて来るんです。いわゆる戦後の日本へ帰って中帰連を作る人たちですね、その人たちが、撫順戦犯管理所、太原の管理所に入る、その頃です、その頃に東北人民政府の衛生部が周恩来、スターリンの会談を受けて、調査をするんです。東北人民政府の衛生部がこの安達に行って。

ここも731が引き揚げてくる時に、終戦の時に証拠隠滅を図って、半地下室になっていた宿舎だとか、牢獄だとか車庫だとかそういう所を爆破して、焼いてですね、逃走しているんでいるんですけれども、焼け残りや穴がまだ残っている時代で、そこで調査をするんですね。その時の調査の記録に付いている図面が冒頭に見ていただいたもの、お渡しした図面です。これを見た関係者が後に、非常に正確な図面だと、寸法を測ったら全くその通りだったという報告もあります。

この調査の時に、もう一度関係者というか、周辺の中国人の人を調べなおしたら、正確には1943年の9月～12月位の間に、いわゆる安達の実験場の飛行場とか宿舎とかそういう建物を作った、12月いっぱいに出来上がったという記録になっています。

前回のビデオで見ていただいた運輸班の、マルタの搬送をやっていたという越定男さんが『日の丸は紅い泪に』という本を書かれていますけれども、ビデオでは詳しく出てきませんでしたけれども、安達にマルタを運んでいく記録が本の中には出てきます。

平房から北へ大体260キロの所をトラックで6時間ぐらいかかったと書かれている。10キロ四方の平原に、飛行場と滑走路が出来ているんですね。

マルタを運んでいくときには朝4時に起きて、真っ暗な中でマルタを積み込んで帰ってくる時には夜中の1時、2時。時には2、3日泊りがけで出張もあった、というような話ですね。

越さんの話では、トラックで運ぶ特別車というのは4トントラックぐらいあって、40人位積めるらしいですね。四方鉄板張りでですね、真後ろの所からしかドアが開かないようになっていて、窓も無く、中は床暖房になっていて畳敷きなんですよ。後ろの方にはトイレも付いてる。リムジンバスっていう感じですね。外見は違いますけど。四方周り鉄板で出来ている上から幌を被せて、その幌にはセルロイド製の偽物の窓が書割で作ってあったそうです。それで運ぶのが普通だったそうですけれども、時には飛行機でマルタを運ぶんですね。その時には、日本軍の軍属の服装をさせて、載せてたそうです。

私も昔、元の館長さん韓暁さんに、日本の新宿の戸山で人骨が発見された時にですね、731と関連があるかどうか、平房へ調べに行ったことがあるんですけれども、その時に、韓暁さんが言うには、731で働かされていた労工の中に、「日本軍の軍服を着せられて、飛行機に乗ってったマルタがいたというのを見た」という労工がいると、韓暁さんからそう聞いたことがあるんですけれども、それで、戸山の軍医学校へ行ったか、ひょっとするとその飛行機が安達へ行く飛行機かも知れないと思っているんですけれども。

日本軍の服装させてマルタを10人ぐらい運んでいくこともあったそうです。10人位マルタを運んでいく時は重爆撃機、大きなやつですね、それが731部隊にあって、配属の飛行機があったんですけれども、それで運んで行って、安達の実験場に降ろして、ここにある半地下に、外から分かりづらいようになっている、坂道を下ると穴倉のようになっている格子がはまっている牢獄があって、連れて行かれたマルタはそこへ収容される。その後、実際に細菌爆弾を積んで来るのは、軽爆撃機です。

軽爆撃機の97式というやはり731の持っていた飛行機で爆弾の投下に来るんですけれども、その時には、マルタを杭で、同心円状に、5m間隔とか、10m間隔に円形に杭に縛り付けて、それで十の字に白い布を中心の所に目印にして、爆弾を投下した。やはり多いのは、ペスト菌、炭疽菌、コレラ菌のいわゆる雨下試験という直接菌液をばら撒くのと、細菌弾の中に詰めた、磁器の爆弾、それから鉄製の爆弾もあるんですけれども、その中に菌を入れて投下するというやり方もあったそうです。

越定男さんがある時、運んでいったマルタが、縛られていたのを解いてですね、マルタが逃げ出して、散りぢりバラバラに逃げるやつを、大慌てで憲兵と一緒にそのトラックで全部ひき殺したという話を自分の本で書いていますけれど、それだろうと思える光景を、安達の実験場の近くに住んでいる中国人の人が目撃している証言もあります。

なんか、ある時、遠目に見てたら、トラックが右往左往して実験場の中を走り回っていた。それで飛んできた飛行機も爆弾を落としたか落とさないか分かんないくらい、すぐに飛び去ってしまったという目撃証言、安達の近くの住民の関占和さんがその光景を見ていたという話です。

それから、榊原秀夫というのは731部隊の林口支部、牡丹江の先ですね、古城鎮という駅の近くにあった731の支部。5ケ所支部があったんですけれども、そのうちの一つの林口支部長だった榊原秀夫が、731部隊に支部長会議があってですね、その会同に参加した時に、午前中に会議が終わったら、石井隊長から「今日は安達実験場で殺人実験があるからもしよかったら見に行かないか」と言われたので、牡丹江支部長の尾上正男という少佐と飛行機に乗って行ったと。その時の証言が、後ろにコピーが2頁分、供述調書のコピーが、これが榊原秀夫の中国で供述した調書のコピー、その安達の実験場に実験を見に行った証言のコピーです。

去年から、北京の中央档案館にある731関係の資料を中国政府がインターネットを使って、誰でも見れるように一般公開し始めたんですね。その中に、

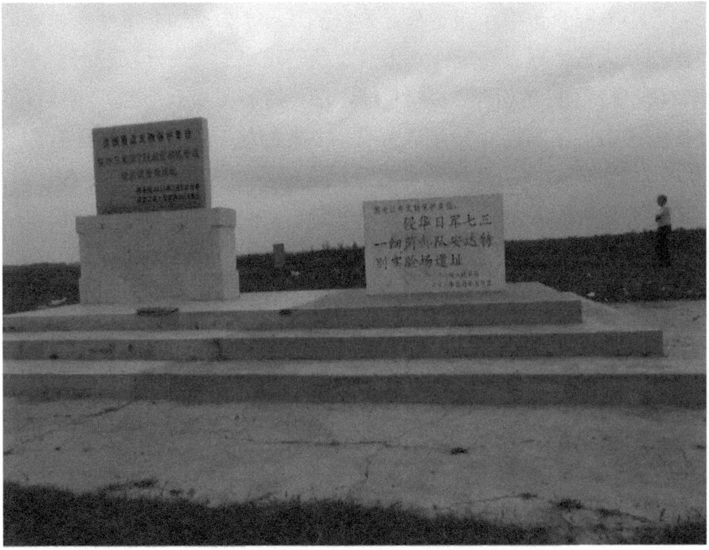

安達演習場の跡地

榊原秀夫の調書も含まれているんですけれども。実際には北京档案館にこの自筆のものがあります。

榊原が行った理由の一つに、各支部から安達の実験場に警備だとか、準備をする要員として各支部から5名ずつ選ばれて安達に行っている。榊原支部長が林口に赴任した時に、顔を合わせた隊員たちがちょうど5人、安達へ転属してたので、久しぶりにその顔も見たいということで行った、ということも言っていますね。

この供述調書は『細菌戦と毒気戦』という中国で出版された資料集の中に載っていますが、その翻訳が、日本で『証言人体実験　731部隊とその周辺』というタイトルで同文館から出版されています。

731部隊の総務部には調査課っていうのがあるんですね。写真班がこの調査課に所属しています。安達の実験は勿論、普段の731部隊本部でのいろんな研究上の感染経過でありますとか、伝染状況など実験に関する写真を撮ってた写真班員たちがいるんですけれども、安達の実験場へ行く時には、大体写真班員は1人だったそうですけれども、普通の隊員2、30人位と一緒に2泊3日の予定で出かけたりしたと、写真班のひとから聞いています。

安達の実験場でマルタを縛り付けるための杭を、掘って立てている工務班の写真とか、それから写真班員が16ミリの動画でですね、ムービーで撮影するために、アーローという当時の16ミリのカメラがありますけれども、それを回している写真ですとか、画板に記録らしいものを取っている隊員の写真とか、そういう写真班員が撮ったものは、さっきの話にもボイラー室に持ってってかなり大量に写真を焼いたような話が出てましたけれども、写真班員の実家には、終戦までの間にかなりぼつぼつ持って帰ったものが残っておりまして、安達の現場写真なども結構残ってました。私がそれらをもらった写真班員の方のとこには、人体実験の症状を撮った写真もあったらしい、けれども、あとで焼却しちゃったという話でした。何だかありそうな口ぶりでもありましたが。

安達は半湿地帯らしいので、さっきは夏は暑くないという話も出てきましたが、冬場は地面は凍って、実験がやりやすいらしいんですよ。それで、十字架の杭を打つのでも、ちょっと穴を掘って十字架を立てかけて水をかけるとすぐ凍ってしまって、そのまま頑丈な杭になるらしいんですね。そんなやり方をしてた。冬場の方が多かった。

ここは731部隊ばっかりじゃなくて、軍馬防疫廠という部隊、軍馬だとか、馬ですね、動物関係の細菌戦の研究をやってた100部隊というのも使ってました。この100部隊の第2部6科が細菌戦や毒物の試験をやっていたセクションなんですが、ここの連中が731に安達の実験場を借りて、牛馬の感染する細菌、その感染率やら死亡率やら、それから牛疫菌の感染率や死亡率を調べる実験をこの安達の実験場でやってたそうです。

これは、ハバロフスク裁判の被告になった三友一男という人から私は直接聞いたことがありますし、同じく福住という隊員から直接に聞いたこともあります。

ただ、文字づらの上ではまだ今の所、牛疫の実験については、どこかで見たことは無いんですけれども。ハバロフスクの裁判の記録の中を丁寧に探せば出て来るんでは無いかと思ってます。

さきほどの写真班員の話の中に、炭疽菌の実験のことが出てくるんですけれども、「破弾」って言っているんですね。破れる爆弾の弾という破弾を使ってやったと。破れるという字が書いてありますけれども、これは記憶違いか間違いではないかと思っているんですが、安達実験場でよくやった炭疽菌の実験というのは、イロハのハですね。イロハのハを書いてハ弾、中が薄い鉄製で出来ていて、中に信管が真中にあって、その中に炭疽菌の菌液が充満していて、その周りを取り囲むような壁に小さな弾の破片があるんですね、榴散弾です。要するに爆破するとその中の小さな断片が飛び散って、小さな爆弾になる。

最近問題になったテロ爆弾、小さい弾がたくさん発見されていますね、現場から。あれの多分もうちょっと小さいのがいっぱい詰まっている。そういう形のものがハ弾という。

戦後、アメリカ軍が731の研究データが欲しくて4回にわたって調査に来てますけれども、第2次といわれている調査でアーヴォ・トンプソンというアメリカの細菌戦の専門家が来て、731の調査をした中に、731が実験した細菌弾の詳しい報告がありますけれども、その中にハ弾というのも記録が出てきます。

トンプソンのレポートによりますと、ハ型爆弾は40kgの破片爆弾で、炭疽菌の胞子の汚染した爆弾の破片及び榴散弾の破片を飛散させて致命的な効果を上げるように設計されていた。中心の炸薬の管にはTNT火薬3kgを詰めて衝撃によって爆発するようになっている。炭疽菌に汚染された断片と菌液が水平に飛び散るように計算されていた。

錆を防ぐためにベークライトで色がついているらしいですね、その断片には。さっきのビデオの川口さんの話、菌検索をやって破片なんかの弾着場所

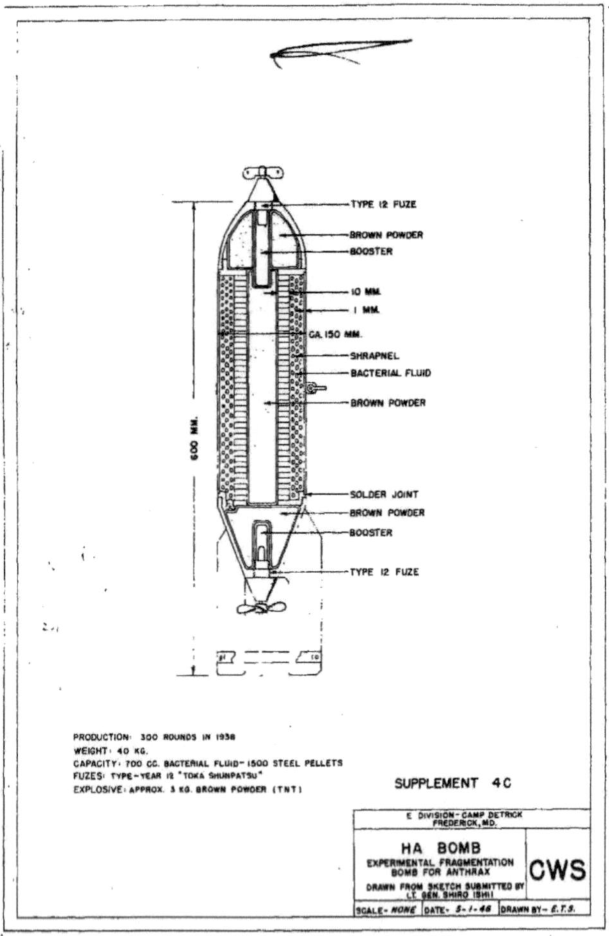

石井四郎が描いたスケッチをもとに作成したハ弾　トンプソン・レポートの付図

を図面に書いたって、あれ、色がついてるから分かったんじゃないかという気もするんですよね。

その八型の爆弾というものの野外試験は、1938年と1939年に行われたと言いますから、兵舎とか作業場とか馬小屋とか浴場とかが1943年に建てられる前の、平地の何も無いような所でやったんじゃないかと思われます。

ただ、大量の爆薬のために、病原体の40〜65%の菌が死滅したと言います。でもこうした欠点にも関わらずハ弾は有望であると考えられた。石井は、ハ型爆弾は爆弾の専門家の手で欠点を直してさらに発展させれば有効な武器となり得たと信じてた、という記録になってます。

それから、倉島寿亀さんという人が『週刊金曜日』の取材をうけて、西野瑠美子さんが書いているんですけれども、1994年の11月18日の『週刊金曜日』に、飛行機でマルタを運んだ話が出ています。それはこの時の実験は、ネズミですね、細菌に感染したネズミを詰め込んだ爆弾を投下する実験。それを記憶してて、記事にしています。

安達に限らず、他のことでも結構ですが、疑問の点がございましたら、お答えいたします。

■質疑応答

質問：先ほどの証言の中で、隊の中で相当の感染者が出て、毎日のように死んでいたというお話がありましたが、もう少し詳しいことが分かりましたら教えてください。

近藤：この731部隊は、所属する時に、自分たちが伝染病に感染しても、研究材料に使ってもらっても構わない、要するに、解剖されても構わないという一札を入れることになっていて、実際に日本人で、仕事中に感染することを業務感染と名づけて、「業務感染、業務感染」と普通に言ってたくらい、頻繁に起きたらしいです。

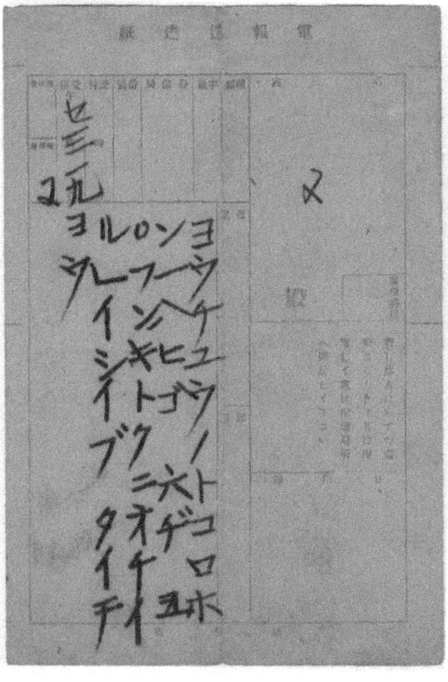
「業務感染」を内地の家族へ知らせる電報

731部隊には診療部というのがあって、部隊員の家族やなんかの病気治療に当たる、そちらには医者も看護婦さんもいるんですけれども、そこでも感染が拡がったりということもあって、そこの診療部の看護婦さんが感染して亡くなったケースもありますし、ちょっとオーバーに聞こえますけれども、3日に1人ぐらいはあったらしいんです。

千葉の運輸班員の人で、兄弟で731に行ってた人のお兄さんのほうが、業務感染して、石井隊長から「兄危篤、スグ、コラレタシ」という報らせの電報があったり、かなり頻繁にあったみたいで、日本人は特別の焼却炉を持っていて、そちらで処分したという話も聞いています。

それから、長野県の上田の方で、腸チフスに業務感染して、お姉さんが看護婦として731部隊にいて、そのお姉さんがついて看病にあたったけれども、遂に亡くなったと。この方は部隊の中で人気のあった人で、かなり大々的な分厚い追悼文集が作られたりしてます。

やはり、千葉から少年隊員として行った人が、幼馴染といっしょに行ってましてね、向こうへ。それで友達の方が感染するんです。ご本人の話だと、千葉を出るときに、幼馴染の友達のお母さんが「向こうへ行っても、仲良くしてやってね。」と言って、果物を、餞別をもらってですね、そういうことがあったりして、その友達が業務感染して困ったなと思っていたら、上司から「お前がどのくらいお国のために働いているか、見てやるからやってみろ」と言われて、7棟8棟の監獄にある解剖室で、上司の少佐からメスを渡されて……といういきさつを聞いたことがあります。辛い思いをしながら、早く部隊を抜けたいと思っていたという話を聞いたことがあります。

質問：中国人とかを大量に殺したんでしょうけれども、死んだ日本兵は結構な数という認識でよいのでしょうか。そういった形で感染して日本兵や軍属が死んでしまうということも覚悟の上で、この731部隊はやっていたということでよいのでしょうか。

近藤：最大で3300人近くに膨れ上がったことはありますけれども、隊員数がですね。そのうちどの位が業務感染で亡くなったか、ちょっとまだ調べてません。

部隊の留守名簿というのを作るんですよね。郷里はどこで、どこへ帰るんだということを記したその名簿をたどっていけば、分かります。それは、まだ名簿が全部公開されないので、ちょっと調べようが無いんですけれども。

さきほどの話は毎日1人ぐらいとか、3日に1度は葬式がっていうのもすさまじいですね。あえてウソをつくようなことではないので、それに近いようなことがあったんじゃないかと思いますけどね。

川口さんの証言の中で、『悪魔の飽食』になぜ反感をもったかという最初のご質問について。

森村さんの『悪魔の飽食』が世に出るきっかけとなるのは、たまたま『死の器』という小説を『赤旗』に連載してたんですね。その小説の中に、

731 部隊に触れている所がちょこっとあったんです。それを読んだ元 731 部隊員が「事実と違う」と言って、『赤旗』の編集部に連絡してきたんですね。それを聞いた森村さんが「それじゃ、実際はどうなのか、もうちょっと詳しいことを聞かせてもらえるか」と話を持ちかけるわけ。それで当時の編集部員の下里正樹氏というのが一緒になって、「謎の部隊」みたいな雰囲気だったですが、当時、何とか聞きだせるならばといって、1 人 2 人よりもといって、長野県で戦友会を開くことになるわけです。

戦友会という名目で、あちこちから元隊員を集めて、そこに下里氏が紛れ込んで、隊員から経験談を聞いて、そこからどんどん取材が拡がって行って、全国あちこちで話を聞くんですね。その時のきっかけになったものが、『赤旗』だったとか。

最初の戦友会を開いてくれた元隊員たちがみんな共産党員だったんですよ。たまたまですけどね。

今の川口さんにしてみれば、共産党員が内々に集まって 731 部隊の栄

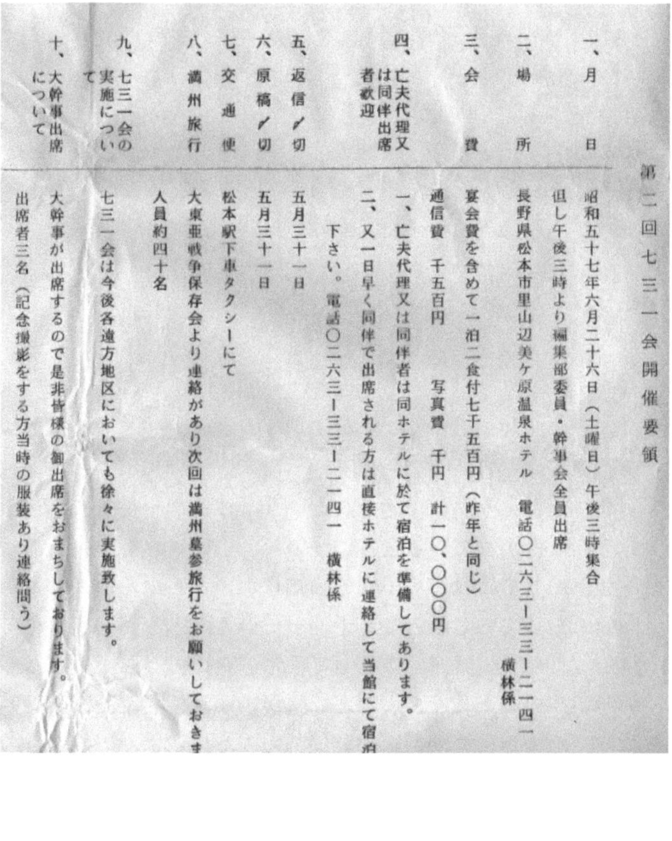
第二回七三一会開催要領

一、月日	昭和五十七年六月二十六日（土曜日）午後三時集合 但し午後三時より編集部委員・幹事会全員出席
二、場所	長野県松本市里山辺美ケ原温泉ホテル　電話〇二六三－三三－二一四一 横林係
三、会費	宴会費を含めて一泊二食付七千五百円（昨年と同じ） 通信費　千五百円　写真費　千円　計一〇、〇〇〇円
四、亡夫代理又は同伴出席者歓迎	一、亡夫代理又は同伴者は同ホテルに於て宿泊を準備してあります。 二、又一日早く同伴で出席される方は直接ホテルに連絡して当館にて宿泊 下さい。電話〇二六三－三三－二一四一　横林係
五、返信〆切	五月三十一日
六、原稿〆切	五月三十一日
七、交通便	松本駅下車タクシーにて
八、満州旅行	大東亜戦争保存会より連絡があり次回は満州墓参旅行をお願いしておきす 人員約四十名
九、七三一会の実施について	七三一会は今後各遠方地区においても徐々に実施致します。
十、大幹事出席について	大幹事が出席するので是非皆様の御出席をおまちしております。 出席者三名（記念撮影をする方当時の服装あり連絡間う）

二度目の戦友会「七三一会」の開催案内

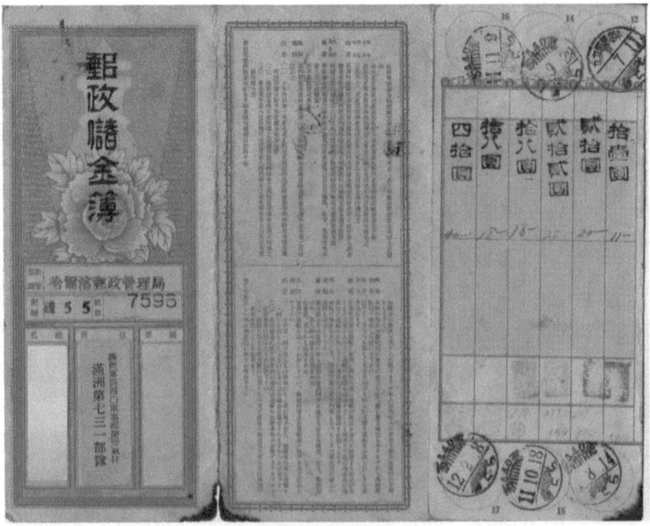

731部隊員の貯金通帳

独身宿舎での宴会の様子

誉を傷つけるようなことをみんなで話したというところが一番気に入らないわけです。あそこに書かれている全容について、川口さんも事実を知っているわけじゃないんですけれども、自分の知らないことなんかでも書かれているし、自分の知っていることで若干違っていることなんか書かれていると、もう嘘じゃないかと。共産党にとって都合の良いでっち上げ本だったんじゃないかという思いが強くて、あんな嘘が書かれてちゃたまらないから、自分たちで、たまたま徳間書店の編集部の人が川口さんの妹さんの近くに住んでて、731に行ってたことを耳にして、それで聞き取りを始めるわけですね。

というようなことで、非常に右翼色の強い人っていうわけではないんですよ。本の反響がエキセントリックだったこともあって、余計そういう風に思った、1人で思ってたという感じなんですけどね。

それから、給与のことですけれども、私が知っている限りでは、45円初任給。一番最低でも、そのぐらいですね。危険手当とは別で、45円を毎月もらっていました。ですから隊員達は豪勢な生活をしていたんです。

独身の人たちもかなりいて、独身宿舎でしょっちゅう宴会やっているような暮らしで、大きな酒保（売店）がありまして、そこの酒保には女給さんが3人いて、宴会ができるようになってんです。

独身隊員の人たちなんかは、割合しょっちゅうそこで宴会をやっているんですよね。上級者も来て一緒になってやったり、勿論、勤務外の時間ですけれども、その豪勢振りを聞いて、当時の1本、1升いくらっていう話を聞いていると相当豪勢な生活しているし、国内の方へ仕送りしたりしてる余裕なんか十分にあったっていうのも、どこかに資料があるんでしょうけれどもね、給与の決め方。

ただ、あんまり豪勢なので、国内の本省の方から、査察があって、主計大尉が731に転属になって、経理上を見張ってたという時期もありますね。それと、汚職もある。731部隊に機材を入れる会社、例えば日本特殊工業だとか、滅菌器だとか孵卵器だとか培養缶だとか、そういうものを納品する、まあ一手販売みたいにやっていた日本特殊工業という所なんかは、ハルビン支社を作って、社員を常駐させて、相当稼いでいた、その石井に対するリベートなんかが発覚して、関東軍の司令部の遠藤三郎という有名な参謀がいますね、あの人の日記の中に、石井の汚職問題を握り潰したというくだりが出てきますけどね。そのぐらい経理上は、杜撰なといいますか、裕福な、豪勢な部隊だったようです。

官舎も、勤務内容によるんでしょうけれども、東郷村といっていた隊員の独身官舎とか高等官宿舎なんかは全部冷暖房完備ですからね。トイレも水洗ですし、細菌を扱う業務だからということもあるんでしょうけど。

質問：1949年のハバロフスク裁判ですか、これについても私は初耳なんですか、ハバロフスク裁判というのは当時、細菌戦のロシア人の被害者が、それに関わった日本人のドクターを裁く裁判だったんですね。それで、その他、中国人の被害については、731の隊員は中国に送られたわけですが、中国の裁判はどうなったのかと、ハバロフスク裁判の方に天皇と石井隊長ですか、あともう1人名前が出ましたが、天皇とか石井を裁判にかけるということはうやむやになったんでしょうか。

近藤：実際にマルタとして731部隊で被害にあったのはいろんな民族の人がいますけれども、かなりの数で、中国人に混じってロシア人がいた。ハルビンに保護院というのがありまして、元々は偽「満州」国の警察が管轄する組織だったんですけれども、それが特務機関のハルビン憲兵隊が本部になって、その配下に保護院っていうのがありまして、それが事実上白系ロシア人の囚人の刑務所なんですよ。そこから731部隊へかなり送り込まれてマルタとして被害に遭っているんですね。モンゴルの人たちは、ウランバートルに同じように保護院が作ってありまして、そこに収容された人たちも何人か731に送られてきているんです。最近、吉林省の档案館の書類の中でベラルーシの女性が731に送られた記録の断片が見つかりました。そこらの被害事実というのは、ソ連がかなり把握しているんですね。終戦後にソ連としては、東京裁判に731部隊の関係者を訴追するという目的で、当然国際検察局としてはそれを取り上げて裁判にするだろうと思って、ソ連は材料をせっせと集めていたんです。それがある程度まとまったところで、検察局にソ連の検事団経由で提出するんですけれども、証拠不十分という口実で無視されるんです。その頃アメリカは冷戦の始ま

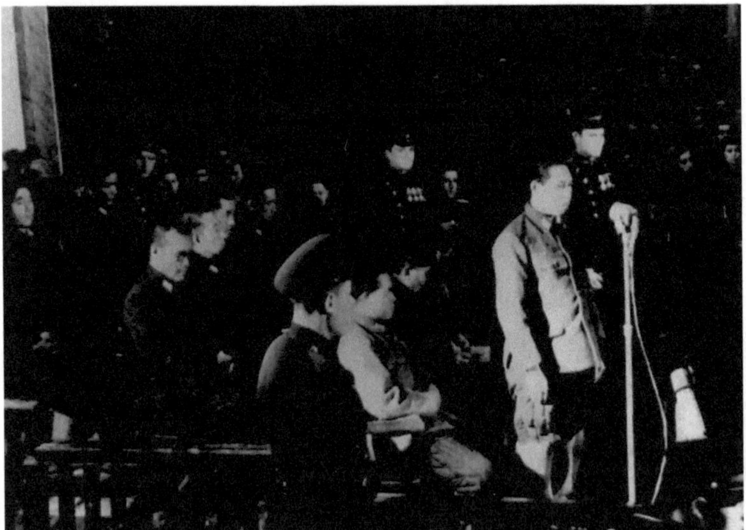

ハバロフスク裁判の法廷
1949年12月　証言するのは菊池則光被告

りで、細菌戦の731部隊のデータをソ連に持って行かれたら大変なことになると、何とかして自分たちで独占したいというんで、4次にわたる調査団を日本へ送り込んで調べるわけですね。研究データを提供するならば、東京裁判に誰1人、訴追しないという闇取引が、1947（昭和22）年の5月から6月にかけて、成立するんです。その闇取引が成立したのをソ連は知りませんから、ソ連が訴追しろ、訴追しろと言ってもアメリカ側は応じない、握り潰すわけですね。

ソ連は、石井四郎と菊池斎（ひとし）という研究部長と大田澄という総務部長の3人の身柄を渡せと、こっちで調べて東京裁判に訴追すると申し入れてくるんですよ。それが、一番大きなきっかけとなって、アメリカ本国とマッカーサーがいろいろと電報でやり取りしましてね。結局、裁判にかけないという本国のOKをもらって、それで闇取引が成立するんですよ。それ以後は、全くソ連側の意向を無視するわけです。

東京裁判は結審して、A級戦犯もかなり残っている中で、たとえば安倍総理のおじいちゃんも残ってるままで結審する。ソ連側は昭和天皇を訴追するためにと言ってかなり粘るんですけれども、アメリカ側ではシベリアの抑留者の問題から世界の目をそらせるためにソ連がでっち上げた話だと、細菌戦の話はですね、そう言って、無視し続けるわけです。

1949年12月20日は、スターリンの誕生日です。ここを目指して軍事

ハバロフスク裁判の満席の傍聴席

裁判を開こうということで準備して、ハバロフスクで25日から31日まで裁判をやるんですね。

中国の裁判については、1950年の7月21日にソ連から中国に対する戦犯だといって捕虜969名を中国側に引き渡されるんです。それが太原の戦犯管理所とかハルビンの監獄とか撫順戦犯管理所にそれぞれ収容されて、それから取調べが始まるわけです。731だけじゃなくて、中国に対する戦争犯罪について、事細かに取り調べていくわけです。

周恩来の意向で、性急に罪を問わないで、改心させることが優先だと言うんで、ゆっくり本当に本人が悔悟して、反省して、今後もその線で生きていけるという方向に立つまで時間をかけて、調べたり、手記を書かせたりするわけです。ほぼ6年間、そういう取調べといいますか、認罪生活を5、6年送って、最終的に重大な責任を持っている幹部クラスを、731で言うと榊原秀夫が選ばれていますけれども、そういう人たちを太原と瀋陽の軍事裁判所で裁判を行って判決まで出して、昭和31（1956）年に全員を釈放したんですね。この人たちが日本へ帰ってきてから、アカに染まっているだとか、赤ボケしているとか言われながらも、そのまま中国帰還者連絡会を組織して、先ほど話に出た『侵略』という本でありますとか、『日本人戦犯の告白』という本にまとめたりして、事実を一般に広めようという形で動いた。中国の裁判はそういう流れです。

質問：安達演習場は、1943年の9月から12月にかけて完成したと言うことですが、資料のところでは、中国人の住民の証言と言うことで、40年から41年ごろ工事が始まったと言うのがありますけれども、最初はあまり設備が無い中で、実験場として先行して使ってて、設備ができたのかなということと、また安達実験場の目的は供述に証言はありますでしょうか。

証言資料集の越さんのところに、「安達実験場は平房北方約260kmにあたり、車で6時間かかる」と書いてありますが、2枚目の徳留一男の証言には、「平房から約130km離れた安達実験場」と、距離がちょうど半分なんですけれど、これはずいぶん違うなと思うんですが、ただ6時間かかるというのが本当だとすると、時速40kmでも240kmですから、130kmはちょっと違う気もしますが、平房から安達までの距離、これはどうでしょう。

近藤：元の証言通りに、ピックアップしているんですけど、越さんは260km、越さんは長野から東京へ行って横浜へ行くぐらいの距離だとも証言しているんですよ。車でね。どの経路かが分からないので、私も判断しかねているんですけれども。地図上で見るのとちょっと違うんですね。今ある地図で測ってみると160kmとか……、道なき道を行くんだって言うんで、越さんなんか。ハルビン過ぎちゃうとほとんど道に迷ったりしてオロオロオロオロ行くっていう……轍（わだち）が残っている時は、夏場なんかは割合行きやすいと。半湿地帯なんで、轍が残っているんだって夏場は。それをたどって夏場は行くんだけど、冬は、わかんなくなっちゃう。これは判定しがたいんですが。

安達のできた時期、目的・理由ですけれど、韓暁さんが調べた住民の人たちの証言のなかで、40年説、41年説、42年説があるんです。多分一番信用できるのは43年説ですね。42年の暮れからやって、43年2月までにでき上がったという風に私は判断していますけど、住民の証言の3人目、鞠守信さん、この人は安達の地主なんですよ。41年に関東軍が来て労工を集めて、飛行場を作ったって聞いているんですね。その下の藩善忠さん、この人はこのとき建設のためにかき集められた労工の人足頭なんですよ。この藩さんは割合はっきりした証言で、生活のために安達県に来たのが40年の9月で、それから色々な仕事をするんですけれども、「人集めをして労工のボスとして働かないかという話を持ちかけられて、……飛行場のもうすぐ仕事が出来上がる12月の初めに……」と、これと東北人民政府の記録と比べるとどうも、でき上がったのは、12月から43年の初めにかけて建設が始まって、できた。

当初は、平原であった所で実験をやっていたと思うんですけど、そのうちに兵舎を建てて、馬小屋、豚小屋や半地下室なんかを作らせ、それが始まったのが42年の暮れ、それから、43年にかけて建設ができ上がったんじゃないですか。

更地の実験場は、1939年には使っていた。

731部隊には他にも野外実験場があって、城子溝実験場という所もあるんですね。そこは、古代の城跡なんですけれども、更地のままで周りに1mぐらいの土塁が囲んである。そこで実験をやる時には、731の方から来て、そこの建物のない平地で実験をやった。マルタを連れて行くような実験は多分できなかったのでは。サントン（三屯）、スートン（四屯）という731からすぐの所なんです。車でも15分ぐらいの所なので、そんな所で人体実験なんかをやると発覚してしまう場所、それから陶頼昭（とうらいしょう）という処にも実験場が1ヶ所あった。ただここも陶頼昭の駅から近くて、人通りなんかもあるような所なので、ここでも発覚するような実験はやれない。

だから、もっと東西何十キロというような大平原で、安達の場合は丘陵もあるわけです。向こう側が隠れてしまう全くの平地じゃない。県城まで、人家があるような所まで、車で30分も40分も行かなくちゃならないというようなそこならば、細菌弾の実験もできるという、そういう目的があってそっちを選んだ。やるんなら2、3日がかりということもあるし、実験後のマルタを731に戻して、感染経過だとか死亡率を見るというような悠長なことじゃなくて、その場でやらなくちゃいけないケースも出てきて、安達の現地でもマルタを解剖したり、観察したりすることができるような屋舎を作んなくちゃいけないっていうんで、建物を作るのが始まって、消毒室や浴場を作ったり、馬小屋を作ったりした。炭疽菌なんかは、人間と動物両方かかりますから、炭疽菌に何百頭の馬を汚染させて、それをサンガ（三河）というソ連との国境近くまで馬を運んで行って、ソ連側に感染した馬を追い込んで、敵地で馬によって炭疽菌の伝染を図るという、そういう細菌戦の作戦を立てたことがあって、馬の炭疽病ならお得意なのが100部隊（関東軍軍馬防疫廠）で、100部隊の研究者たちが、その作戦に選ばれて、実際にやりに行っているんですよね。ハバロフスク裁判の記録の中に、ソ連のサンガ地方の図面の中に、どこら辺のどこに馬を放逐したかという図面が、平桜（全作）という100部隊員の書いた記録が、裁判資料の中に残っています。

牛馬の感染についてもやっぱり実験できるのは、731の安達演習場。終戦の撤退後に、馬や牛の骨が発掘されたという話もあります。

質問：炭疽菌の実験の話が出てきますけれども、馬に感染させて、ソ連に向けて逃がしたということ以外に、中国国内に実際に撒いたというような話はあったんですか。ペスト菌とかコレラ菌というのはかなり例が出てきていますけれども。炭疽菌と言うのは聞いたことなかったんで。

近藤：牛馬のですか。

質問：人間に対して。

近藤：それは、1942年の浙贛（せっかん）作戦の時に、使ってますよ。あと炭疽菌の実験はかなりやってます。榊原秀夫の自筆の供述調書の中に肥之藤少佐というのが出てきますけれども、肥之藤（ひのふじ）少佐、大田澄（おおたあきら）という731の幹部クラスですが、炭疽菌を集中的に研究していた人物です。炭疽菌は長持ちするらしいので、生命力が強くて、長らく生きるというので、731がペストと並んで有効な細菌兵器になると見込んでたものですから、月間300kgぐらい作れたんですよね。大量生産できるような研究も第4部で、柄沢班でやってました。それを乾燥菌にして、真空乾燥して使う方法を研究している最中に終戦になりました。ほぼ、真空乾燥の技術が完成してこれから細菌兵器として使えるという所までいったんですけど、戦後になって、その技術がミドリ十字なんかで、使われるんですね。戦後になって、エイズ問題に発展していく途中で、真空乾燥血漿の技術は、ミドリ十字でそれをやった研究者達は元731で真空乾燥血漿をやってた人物です。月間の炭疽菌の生産量と、炭疽菌を使った場所です。

2015年8月23日ビデオ学習会731部隊員の証言シリーズ／第2回
初出：NPO法人731資料センター 会報 第15号（2016年5月2日発行）
NPO法人731資料センター 会報 第16号（2016年6月22日発行）

＊近藤昭二プロフィール＊

1941年名古屋生まれ。ジャーナリスト・シナリオライター・ディレクター。

子供の頃はアンデルセンやグリムなど挿し絵1枚見たことはなく、読みふけるのは変体仮名の浄瑠璃本、いつも稽古三味線の音色が聞こえているという邦楽一色の環境に育った。

それに反発して、日大芸術学部では秋庭太郎、今尾哲也師に私淑、一時は前衛劇のメッカといわれた劇団俳優小劇場の演出部に所属して、サルトル、ジュネ、ベケット、イヨネスコ、田中千禾夫の演劇に熱中した。

1970年代以降は、映画・テレビのドラマ“フィクション”も掛け持ち。1995年TBS　社会情報局「スーパーワイド」の構成担当からテレビ朝日報道局特報部「ザ・スクープ」のディレクターとして転身、ノンフィクション“事実の報道”へとなる。

府中3億円事件、永山則夫事件、連合赤軍事件、よど号ハイジャック、徳島ラジオ商再審事件、イエスの方舟、グリコ・森永事件、ロス疑惑、オウム・サリン事件、在日慰安婦訴訟、酒鬼薔薇聖斗事件、和歌山毒物カレー事件など1960年代後半以降、重大事件のほとんどを現場で取材して、特に司法関係の作品が多い。フリーとなって以後は「NHKスペシャル」など各局の制作に参加する。

戦争犯罪・細菌戦の研究専門家でもあり、東京地裁の細菌戦被害訴訟に隠蔽問題の鑑定証人として鑑定書を提出、2001年1月に証言台にも立つ。

2011年、これまでに蒐集・保存してきた文書資料や証言記録をもとに、「NPO法人731細菌戦資料センター」を立ち上げ、歴史事実の広報、中国の被害者支援につとめている。

中国・南京師範大学（南京）、山東大学（済南）、中国伝播大学（北京）で講師。

＊主なテレビ・ドキュメンタリー

- 「今も続く細菌戦の恐怖」（テレビ朝日　月間ギャラクシー賞　日本の国立予防衛生研究所とFort Detrickによる細菌兵器開発の共同研究を暴露したもの）
- 「声─吉展ちゃん事件の取り調べ録音テープ」（NHK　月間ギャラクシー賞　著名な誘拐事件の録音から取り調べの実態を追及したもの　制作協力）
- 「731細菌戦部隊」（NHK　アジア太平洋映像祭グランプリ　ギャラクシー賞　それまでソ連のでっち上げと言われていた細菌戦犯のハバロフスク裁判の実在・ダグウェイ基地にあった731部隊の人体実験のレポートを通して日米の闇取引を明らかにしたもの　制作協力）
- 「目撃証言の死角」（テレビ朝日　神戸小学生連続殺傷事件など、あい

まいな目撃証言からいかに〝事実〟が作り上げられていくかを追ったもの)
・「3億円事件　30年目の真相」(テレビ朝日　極秘裏に捜査された最重要容疑者の少年の捜査記録をたどったもの)
・「闇に消えた虐殺」(テレビ朝日　最優秀ディレクター賞　中国中部で731部隊によって細菌戦が実際に行われた事実を明らかにしたもの)

そのほか「知ってるつもり?!」「驚き桃の木20世紀」「今夜は好奇心」などで、近現代史(特に第二次大戦)関連、事件・司法(特に冤罪・再審)関係の作品多い。

＊著・訳・編書
・『月蝕の迷路　徳島ラジオ商事件』(文藝春秋　冨士茂子被告の無実を証明、真犯人を追及したもの)
・『今明らかになる衝撃犯罪と未解決事件の謎』(二見書房　宮崎勤事件、グリコ・森永事件、あさま山荘事件などの秘話紹介)
・『細菌戦部隊』(晩聲社　共編　旧部隊員などの証言集)
・『21世紀のマスコミ・2　放送』(大月書店　論文集　現時点での放送業界にある様々な問題点について論評したもの)
・『誰も知らない「死刑」の裏側』(二見書房　密行主義のもとに隠蔽される死刑囚の生活と執行の実態を明らかにしたもの)
・『死の工場』(柏書房 Sheldon Harris〝Factories of Death〟の翻訳、731細菌戦部隊の通史)
・『消えた子供たちを捜して!』(二見書房　多発しているmissing childrenの情報を公開一般からの協力を要請したもの)
・『CD-ROM版　731部隊・細菌戦資料集成』(柏書房　アメリカ国立公文書館で見つかった細菌戦の関連資料の復刻)
・『日本侵華決策史料選編　生物武器作戦』(中国版史料集　社会科学文献出版社　徐勇ほか総主編　近藤・王選/編)

＊映画シナリオ
・『生きてるうちが花なのよ死んだらそれまでよ党宣言』(ATG　森﨑東監督　1985年度キネマ旬報第7位　日本アカデミー賞最優秀主演女優賞＝倍賞美津子　原発に働く“原発ジプシー”と日本棄民たちを扱ったもの)
・『ニワトリはハダシだ』(シマフィルム　森﨑東監督　ベルリン国際映画祭招待　東京国際映画祭最優秀芸術貢献賞　芸術選奨文部科学大臣賞　2004度年間代表シナリオ選出)

真相 731部隊

〔シリーズ第1号〕

2024年5月31日　初版第1刷発行

編著者：近藤昭二

発行所：NPO法人731部隊・細菌戦資料センター

共同代表　近藤昭二、奈須重雄、王選

（連絡先）東京都港区西新橋1-21-5　一瀬法律事務所

tel.03-3501-5558 ／ mail: info@ichinoselaw.com

発売元：株式会社 社会評論社

東京都文京区本郷2-3-10

tel.03-3814-3861　Fax.03-3818-2808

http://www.shahyo.com

組版装幀：Luna エディット .LLC

印刷製本：株式会社 ウイル・コーポレーション